téphane Rials

Julien Boudon

TEXTES
ONSTITUTIONNELS
ÉTRANGERS

Se

Que sais-je?

AVANT-PRO

On ne trouvera le plus souvent dans ce
part les cas des États-Unis et de la Grande-
de textes constitutionnels larges (Suisse et sur
larges (Russie, Italie), voire succincts (Espagne
constitutionnels français, nous avons d'abord so
extraits, aux besoins des étudiants de première
droit ou des instituts d'études politiques, qui son
vilégiés de ces pages. Ils trouveront ici de quoi ali
sur les principaux régimes qu'il leur faut étudier ains
thèmes qui retiennent particulièrement l'attention de l
poraine (démocratie semi-directe ; fédéralismes clas
américain, ou plus contemporain, en Allemagne fédér
mentaux ; contrôle de constitutionnalité des lois, préser
aujourd'hui dans le monde démo-libéral ; techniques
du parlementarisme, etc.).

Le cas de la Grande-Bretagne doit être mis à part ; dans
fue des textes qui ont contribué au long de huit siècles à la
de son régime, le choix est malaisé et les passages retenus ne
bien sûr rendre compte de la richesse de l'apport britannique au
constitutionnel.

Si nous avons parfois proposé une traduction propre, à d'autres reprises pu recourir à une traduction plus ou moins officielle, nous devons toutefois remercier avec beaucoup de chaleur ceux qui nous ont autorisés à reproduire leurs traductions personnelles : le regretté Pr Cadart (*Parliament Acts* de 1911 et 1949), MM. les Prs Gélard et Lesage (Constitution russe), Autexier, Fromont, Grewe et Jouanjan (Constitution allemande), M. Jean-Paul Lepetit (loi constitutionnelle italienne du 18 octobre 2001), et tout particulièrement le Pr Baranger, qui nous a apporté son aide pendant plusieurs éditions et a procédé, ainsi que cela est signalé dans les notes, à la traduction de divers textes britanniques.

S. R. et J. B.

ISBN 978-2-13-079846-0
ISSN 0768-0066

Dépôt légal – 1re édition : 1982
16e édition, 2e tirage : 2018, août

170 *bis*, boulevard du Montparnasse, 75014 Paris

Chapitre I

LA GRANDE-BRETAGNE

I. – La Grande Charte[1]

Henri, par la grâce de Dieu, roi d'Angleterre, seigneur d'Irlande, duc de Normandie et d'Aquitaine, et comte d'Anjou, aux archevêques, évêques, abbés, prieurs, comtes, barons, vicomtes, préposés, officiers et baillifs, et à tous ses fidèles, qui verront la présente Charte, salut.

Sachez que nous, en contemplation de Dieu, pour le salut de notre âme et de celles de nos prédécesseurs et successeurs, pour l'exaltation de la sainte Église et pour la réformation de notre royaume, avons donné et accordé, de notre propre et bonne volonté, aux archevêques, évêques, abbés, prieurs, comtes, barons, et à tous ceux de notre royaume, les libertés spécifiées ci-dessous pour être par eux possédées dans notre royaume d'Angleterre, à perpétuité :

1. Avons, en premier lieu, accordé à Dieu et confirmé par la présente Charte, pour nous et nos héritiers à perpétuité, que l'Église d'Angleterre soit libre et jouisse de tous ses droits et libertés, sans qu'il y soit porté atteinte. Et avons aussi accordé à tous les hommes libres de notre royaume, pour nous et nos héritiers à perpétuité, toutes les libertés spécifiées ci-dessous, pour être possédées et conservées par eux et leurs héritiers comme les tenant de nous et de nos héritiers à perpétuité.

8. Ni nous ni nos baillifs ne saisirons les terres et rentes de qui que ce soit pour dettes, tant que les biens meubles présents du débiteur suffiront pour payer sa dette et que ce débiteur sera prêt à donner satisfaction sur ces biens ; les cautions du débiteur ne seront point exécutées, tant que lui-même sera en état de payer (...).

9. La cité de Londres jouira de toutes ses anciennes libertés et libres coutumes. En outre, nous voulons et concédons que toutes les autres cités, bourgs, villages, et les barons des cinq ports, et tous les ports, jouissent de toutes leurs libertés et libres coutumes.

10. Nul ne sera contraint à un service plus onéreux que n'en doit son fief de chevalier ou toute autre tenure libre.

1. Le texte dont certains extraits sont présentés ici n'est pas celui de la Grande Charte de 1215, mais celui de celle accordée par Henri III le 11 février 1225. Ces deux textes latins sont très proches (comp. les originaux *in* Ch. Bémont, *Chartes des libertés anglaises (1100-1305)*, Paris, Picard, 1892, p. 24 *sq.*, 45 *sq.*). Mais c'est le texte de Henri III et non celui de Jean sans Terre qui a été par la suite utilisé et confirmé. Aujourd'hui, la plupart des articles sont considérés comme abrogés et certains ne présentent qu'un intérêt limité. D'où le choix de ne reproduire qu'un petit nombre de dispositions. La traduction retenue est celle de F.-R. et P. Dareste, *Les Constitutions modernes*, 4e éd. refondue par J. Delpech et J. Laferrière, Paris, Sirey, t. I, 1928, p. 517 *sq.*

14. Un homme libre ne pourra être frappé d'amende *(amercietur)* pour un petit délit que proportionnellement à ce délit : il ne pourra l'être pour un grand délit que proportionnellement à la gravité de ce délit, mais sans perdre son fief *(salvo contenemento suo)*. Il en sera de même des marchands auxquels sera laissé leur négoce. Les paysans des seigneurs autres que nous-même seront aussi frappés d'amende, s'ils viennent à l'encourir, sans perdre leurs instruments de labour ; et aucune de ces amendes ne sera imposée que sur le serment de douze hommes probes et loyaux du voisinage.

Les comtes et barons ne pourront être frappés d'amende que par leurs pairs et proportionnellement au délit commis.

Aucune personne ecclésiastique ne sera frappée d'amende selon sa teneur laïque et l'importance du délit[1].

17. Aucun vicomte, constable, coroner ou aucun de nos baillifs ne pourra tenir les plaids de la couronne.

29. Aucun homme libre ne sera arrêté, ni emprisonné, ni dépossédé de sa libre tenure, de ses libertés ou libres coutumes, ni mis hors la loi *(utlagetur)*, ni exilé, ni molesté en aucune manière ; et nous ne mettrons ni ne ferons mettre la main sur lui, si ce n'est en suite d'un jugement légal de ses pairs et selon la loi du pays.

Nous ne vendrons, ne refuserons ou ne différerons à personne le droit ou la justice[2].

30. Tous les marchands pourront, s'ils n'en ont antérieurement reçu la défense publique, librement et en toute sécurité, sortir de l'Angleterre et y entrer, y séjourner et y voyager, tant par terre que par eau, pour acheter ou vendre, suivant les anciennes et bonnes coutumes, sans qu'on puisse imposer sur eux aucune maltôte *(sine omnibus toltismalis)*, excepté en temps de guerre *(gwerre)*, ou quand ils seront d'une nation en guerre avec nous (...).

39. Aucun homme libre ne sera pris ou emprisonné ou dépossédé ou exilé ou anéanti d'une quelconque manière, pas plus que nous n'irons à lui ou que nous le ferons chercher, sinon par le jugement légal de ses pairs ou par le droit de ce pays.

II. – Statut « *De tallagio non concedendo*[3] » concernant le vote de la taille royale par le Parlement (octobre 1297)

1. Aucune taille ou aide ne sera imposée ou levée par nous ou nos héritiers, dans notre royaume, sans le consentement et la commune volonté

1. Ces deux derniers alinéas sont les 21e et 22e de la Grande Charte de 1215 (Bémont, *op. cit.*, p. 53).
2. Alinéa 10 de 1215.
3. Cette pièce ne se trouve pas dans les recueils authentiques du temps ; elle est néanmoins citée comme un statut dans le préambule de la *Petition of Right* ; les juges de la Couronne eux-mêmes lui ont accordé cette valeur légale à partir de 1637, et l'édition révisée des Statuts la reproduit comme telle. Écrite en latin, ce fut, en réalité, une pétition présentée au prince Édouard et au Conseil royal dans le Parlement assemblé à Londres le 30 septembre 1297, et agréée dans la *Confirmatio Cartarum* par le prince le 10 octobre, puis confirmée par le roi le 5 novembre. « Alors même qu'on dénie toute authenticité au *Statutum de tallagio non concedendo*, il faut admettre, dit M. Bémont, *op. cit.*, p. 88, que ses dispositions méritaient d'être insérées parmi les lois constitutionnelles du royaume. » La traduction retenue est celle de Dareste, *op. cit.*, p. 528 *sq*.

des archevêques, évêques et autres prélats, comtes, barons, hommes d'armes, bourgeois et autres hommes libres du pays.

2. Aucun officier, soit de nous, soit de nos héritiers, ne pourra exiger du blé, des laines, des cuirs ou autres objets quelconques, sans la volonté et le consentement de celui auquel ces objets appartiennent.

3. Il ne sera rien prélevé sur les sacs de laine à titre de maltôte ou à cette occasion (...).

III. – Confirmation de la Grande Charte (5 novembre 1297)[1]

1. Édouard, par la grâce de Dieu, roi d'Angleterre, etc.

Sachez que pour l'honneur de Dieu et de la sainte Église, et pour le bien de notre royaume, nous avons garanti, pour nous et nos héritiers, que la Grande Charte des libertés et la Charte des forêts, qui furent faites du consentement commun de tout le royaume au temps du roi Henri notre père, seront maintenues en tous leurs points sans y rien changer (...).

2. Et voulons que, si nul jugement était d'aventure rendu à l'avenir contrairement aux dispositions desdites Chartes par nos juges et autres officiers, il soit tenu pour nul et non avenu.

4. Et que les archevêques et évêques prononcent la sentence de grande excommunication contre tous ceux qui, par actions, aide ou conseils, agiraient contre lesdites Chartes ou les violeraient en quelque point (...).

5. Et, pour que nul dans notre royaume ne doute que les aides et charges qu'ils nous ont ci-devant payées pour nos guerres et autres besoins, de leur gré et bonne volonté, quelle qu'en soit la forme, puissent tourner en charge permanente pour eux et leurs héritiers, à raison de ce que leurs noms pourraient rester inscrits sur les rôles, et, de même, pour les levées faites dans le royaume par nos officiers en notre nom, nous avons garanti, pour nous et nos héritiers, que droits, charges ou taxes de cette nature ne se changeront pas en coutume, à raison de ce qui se serait passé précédemment, ou serait trouvé dans les rôles d'impôts ou ailleurs.

6. Et aussi nous avons garanti, pour nous et nos héritiers, aussi bien aux archevêques et évêques, abbés et prieurs, et autres membres de la sainte Église qu'aux comtes, barons et à tous les habitants du royaume, que pour aucun besoin désormais nous ne lèverons des aides, charges ou taxes, si ce n'est du commun consentement de tout le royaume et pour son avantage commun, excepté les anciennes aides et les charges dues et accoutumées.

7. Et comme la plus grande partie des habitants de ce royaume se trouve lésée gravement par la maltôte, à dire la taxe de quarante sous par sac de laine, et nous a prié de supprimer cet impôt, nous avons pleinement accueilli cette prière, et leur avons garanti, pour nous et nos héritiers, que nous ne lèverons plus pareil impôt sans leur commun consentement et leur volonté, réserve faite, pour nous et nos héritiers, des droits sur les laines, peaux et cuirs, qui ont été accordés par la communauté du royaume.

1. L'original de la confirmation d'Édouard Ier est en vieux français (Bémont, *op. cit.*, p. 96 *sq.*). La transcription ici retenue est celle de Dareste, *op. cit.*, p. 529 *sq.*

IV. – Pétition du droit (7 juin 1628)[1]

1. Les Lords spirituels et temporels et les Communes, assemblés en Parlement, représentent très humblement à notre souverain seigneur le Roi qu'il est déclaré et arrêté par un statut fait sous le règne d'Édouard Ier, et connu sous le nom de statut *de tallagio non concedendo*, que le roi ou ses héritiers n'imposeraient ni lèveraient de taille ou aide dans ce royaume sans le consentement des archevêques, évêques, comtes, barons, chevaliers, bourgeois et autres hommes libres des coutumes de ce royaume ; que, par l'autorité du Parlement, convoqué en la 25e année du règne du roi Édouard III, il est déclaré et établi que personne ne pourrait être à l'avenir contraint de prêter malgré soi de l'argent au roi, parce que l'obligation était contraire à la raison et aux libertés du pays : que d'autres lois du royaume défendent de lever les charges ou aides connues sous le nom de don gratuit *(benevolence)* ou toutes autres impositions analogues ; que, par lesdits statuts ou autres bonnes lois de ce royaume, vos sujets ont hérité de cette franchise, à savoir qu'ils ne sauraient être contraints à participer à aucune taxe, taille, aide ni autre charge analogue, sans le commun consentement de la nation exprimé en Parlement ;

2. Considérant néanmoins que, depuis peu, diverses commissions ont été données en plusieurs comtés à des officiers avec instructions en suite desquelles votre peuple a été assemblé en plusieurs endroits et requis de prêter certaines sommes d'argent à V. M. ; et que, sur le refus de quelques-uns, le serment leur a été déféré et l'obligation imposée de comparaître et se présenter, contrairement à l'ensemble des lois et des statuts de ce royaume, devant notre Conseil privé ou en d'autres lieux ; que d'autres ont été arrêtés et emprisonnés, troublés et inquiétés de différentes autres manières ; que maintes autres taxes ont été établies et levées sur vos sujets dans les comtés par les lords lieutenants, les lieutenants-députés, les commissaires aux revues, les juges de paix et autres, par ordre de V. M. ou de votre Conseil privé, contrairement aux lois et libres coutumes de ce royaume ;

3. Considérant qu'il est aussi arrêté et établi, par le statut dénommé *Grande Charte des libertés d'Angleterre*, qu'aucun homme libre ne pourra être arrêté ou mis en prison, ni dépossédé de son franc-fief, de ses libertés ou franchises, ni mis hors la loi ou exilé, ni molesté d'aucune autre manière, si ce n'est en vertu d'une sentence légale de ses pairs ou des lois du pays ;

4. Considérant qu'il a été aussi déclaré et institué, par autorité du Parlement en la 28e année du règne du roi Édouard III, que nulle personne, de quelque rang ou condition qu'elle soit, ne pourra être dépouillée de sa terre ou de ses tenures, ni arrêtée, emprisonnée, privée du droit de transmettre ses biens par succession, ou mise à mort, sans avoir été admise à se défendre dans une procédure régulière ;

1. Texte rédigé par le Parlement et auquel le roi Charles Ier vint consentir en personne. Traduction de l'anglais *in* Dareste, *op. cit.*, p. 531 *sq*.

5. Considérant néanmoins que, nonobstant ces statuts et autres règles et bonnes lois de votre royaume ayant la même fin, plusieurs de vos sujets ont été récemment emprisonnés sans que la cause en ait été indiquée ; que, lorsqu'ils furent conduits devant vos juges, conformément aux bills de V. M. sur l'*Habeas Corpus*, pour être statué par la cour ce qu'il appartiendrait, et lorsque leurs geôliers furent sommés de faire connaître les causes de la détention, ceux-ci n'ont donné d'autres raisons de l'arrestation qu'un ordre spécial de V. M. notifié par les lords de votre Conseil privé (...) ;

6. Considérant que des détachements considérables de soldats et de matelots ont été récemment dispersés dans plusieurs comtés du royaume, et que les habitants ont été contraints de les recevoir et héberger malgré eux, contrairement aux lois et coutumes de ce royaume (...) ;

7. Considérant qu'il a été aussi affirmé et arrêté, par autorité du Parlement en la 25e année du règne du roi Édouard III, que personne ne pourrait être condamné à mort ou à la mutilation contrairement aux formes indiquées dans la Grande Charte et les lois du pays ; et que, par ladite Grande Charte et les autres lois et statuts de votre royaume, aucun homme ne doit être condamné à mort, si ce n'est en vertu des lois établies dans le royaume ou des coutumes qui y sont en vigueur ou d'un Act du Parlement ; que, d'autre part, aucun criminel, de quelque condition qu'il soit, ne peut être exempté des formes de la justice ordinaire ni éviter les peines infligées par les lois et les statuts du royaume ; que néanmoins, depuis peu, plusieurs commissions données sous le Grand Sceau de V. M. ont investi certains individus de commissions avec mandat et pouvoir de procéder, conformément à la loi martiale, contre les soldats ou matelots ou autres personnes qui se seraient jointes à eux pour commettre quelque meurtre, vol, félonie, sédition ou autre crime ou délit quelconque, de connaître sommairement de ces causes, et de juger, condamner, exécuter et mettre à mort les coupables (...) ;

10. À ces causes, ils supplient humblement Votre très excellente Majesté que nul, à l'avenir, ne soit contraint de faire aucun don gratuit, prêt d'argent, ni présent volontaire, ni de payer aucune taxe ou impôt quelconque, hors le consentement commun donné par loi du Parlement ; que nul ne soit appelé en justice, ni obligé à prêter serment, ni contraint à un service, ni arrêté, inquiété ou molesté à l'occasion de ces taxes ou du refus de les acquitter ; qu'aucun homme libre ne soit arrêté ou détenu de la manière indiquée plus haut ; qu'il plaise à V. M. faire retirer les soldats et matelots dont il est ci-dessus parlé, et empêcher qu'à l'avenir le peuple soit opprimé de la sorte : que les commissions chargées d'appliquer la loi martiale soient révoquées et annulées, et qu'il n'en soit plus délivré de semblables à quiconque, de peur que, sous ce prétexte, quelques-uns de vos sujets ne soient molestés ou mis à mort contrairement aux lois et franchises du pays ;

11. Lesquelles choses ils demandent toutes humblement à V. M. comme étant leurs droits et leurs libertés selon les lois et les statuts de ce royaume : et ils supplient aussi V. M. de dire que tout ce qui s'est fait à cet égard, procédures, sentences et exécutions, au préjudice de votre peuple ne tirera point pour l'avenir à conséquence ou à exemple, et pareillement de déclarer gracieusement, pour la plus grande satisfaction et sûreté

de votre peuple, que votre intention et volonté royale est que, dans les choses ci-dessus déduites, vos officiers et ministres vous servent conformément aux lois et statuts de ce royaume, et qu'ils aient en vue l'honneur de V. M. et la prospérité de ce royaume.

Réponse du roi :

Soit droit fait comme il est désiré *(en français)*.

V. – Acte d'amendement de l'*Habeas Corpus* (1679)[1]

Attendu que de grands retards ont été pris par les sheriffs, geôliers et autres officiers en la garde desquels de quelconques sujets du Roi ont été placés pour des infractions criminelles ou supposées telles, dans l'édiction de *writs* d'*Habeas corpus* dirigés à leur encontre (…) en méconnaissance de leurs devoirs et des lois connues du pays, par quoi de nombreux sujets du Roi ont été, et pourraient être à l'avenir, détenus en prison dans des cas où ils seraient libérables sur l'engagement d'une caution, pour leur grand détriment et tracas. Pour la prévention de quoi (…) il est édicté (…) que chaque fois qu'une ou plusieurs personnes présenteront un *Habeas Corpus* adressé à tout sheriff ou à son geôlier, adjoint, ou n'importe quelle autre personne, relativement à une quelconque personne se trouvant sous sa garde (…) le ou les officiers (…) devront dans les trois jours qui suivent ladite notification comme il vient d'être dit (à moins que l'emprisonnement concerné n'ait eu lieu pour cause de trahison ou de crime clairement et précisément exprimé dans le mandat d'arrêt (…) apporter le corps de la personne, ou faire en sorte qu'il soit apporté, devant le Lord Chancelier, ou le Lord Gardien du Grand Sceau d'Angleterre alors en fonctions, ou les juges ou les barons de la cour qui a édicté ledit *writ* (…) et devront alors, de la même façon, certifier les vraies causes de sa détention ou de son emprisonnement.

VI. – Bill des droits (« Une loi ayant pour objet de déclarer les droits et libertés des sujets et d'établir la succession de la Couronne »)[2]

Attendu que les Lords spirituels et temporels, ainsi que les Communes, assemblés à Westminster, représentant légalement, pleinement et librement tous les états *[estates]* du peuple de ce royaume, ont fait, le 13e jour du mois de février 1689, en la présence de leurs Majestés, alors désignées et connues sous les noms et titres de Guillaume et Marie, prince et princesse d'Orange, cette présence étant en leur propre personne, une certaine déclaration par écrit, qui fut l'œuvre desdits Lords et Communes, dans les termes suivants :

1. Texte établi par D. Baranger sur la base du texte original, tel que reproduit par J.-P. Kenyon, *The Stuart Constitution 1603-1688*, Cambridge University Press, 2e éd., 1986, p. 401.
2. Texte traduit par D. Baranger sur la base du texte original reproduit dans A. Browning, *English Historical Documents, 1660-1714*, vol. VIII, Londres, 1953.

Attendu que feu le roi Jacques II, par le concours de plusieurs conseillers malfaisants, juges, et ministres employés par lui, a entrepris de subvertir et d'éradiquer la religion protestante, et les lois et libertés de ce royaume. – En assumant et exerçant un pouvoir de dispense et de suspension des lois et de leur exécution, sans le consentement du Parlement. – En mettant en accusation et en jugeant plusieurs dignes prélats, au motif qu'ils avaient demandé par pétition d'être dispensés d'apporter leur concours à l'exercice de ce pouvoir. – En édictant et ordonnant l'exécution d'une ordonnance sous le Grand Sceau pour l'établissement d'une juridiction appelée la cour des commissaires pour les affaires ecclésiastiques. – En prélevant de l'argent pour (et pour l'usage de) la Couronne, sous couvert de la prérogative, pour d'autres époques et d'une autre manière que ne l'avait décidé le Parlement. – En levant et en maintenant une armée permanente dans ce royaume en temps de paix, sans le consentement du Parlement (...). – En étant à l'origine du désarmement de nombreux bons sujets, alors qu'au même moment des papistes étaient armés et employés en violation du droit. – En portant atteinte à la liberté d'élection des membres servant au Parlement. – Par des actions engagées devant la juridiction du *King's Bench*, dans des matières et des causes pour lesquelles seul le Parlement aurait été compétent ; et par divers autres comportements arbitraires et illégaux. Et attendu que, dans ces dernières années, des personnes partiales, corrompues, et sans qualification ont été renvoyées et ont servi dans les jurys de jugement, en particulier dans les affaires de haute trahison, alors que ces personnes n'étaient pas de libres propriétaires (...) Tous ces comportements sont intégralement et directement contraires aux lois et statuts connus, et à la liberté de ce royaume.

Attendu que ledit roi défunt Jacques II ayant renoncé *[abdicated]* au gouvernement, et le trône se trouvant dès lors vacant, Son Altesse le prince d'Orange (dont il a plu à Dieu de faire l'instrument glorieux qui délivre ce royaume du papisme et du pouvoir arbitraire) a, par l'avis des Lords spirituels et temporels et de plusieurs des principales personnes appartenant aux communes, fait écrire des lettres aux Lords (...) protestants (...) pour que soient choisies telles personnes pour les représenter, qu'il est de droit d'envoyer au Parlement (...) afin de procéder à un tel établissement, que leur religion, leurs lois et leurs libertés ne soient plus à nouveau en danger d'être subverties (...). Sur ce, lesdits Lords spirituels et temporels et les Communes (...) étant maintenant assemblées dans [une assemblée] représentative complète et libre de cette nation, considérant avec le plus grand sérieux le meilleur moyen d'atteindre les fins précitées, ont, en premier lieu (comme leurs ancêtres ont couramment fait dans les cas similaires), déclaré, pour la défense et l'affirmation de leurs antiques droits et libertés :

– Que le prétendu pouvoir de suspendre les lois, ou leur exécution, par l'autorité royale, sans le consentement du Parlement, est illégal. – Que le prétendu pouvoir de dispenser de l'exécution des lois, ou de leur exécution, par l'autorité royale, tel qu'il a été récemment affirmé et exercé, est illégal. – Que la délégation aux fins que soit érigée la juridiction (…) pour les affaires ecclésiastiques, et toutes les autres délégations et juridictions de la même nature, sont illégales et pernicieuses. – Que le fait de prélever de l'argent pour la Couronne ou pour son usage, sans autorisation parlementaire, et pour une longue durée (…) est illégal. – Que c'est le droit des sujets de pétitionner le roi, et que tous les emprisonnements et poursuites pour de tels faits sont illégaux. – Que le fait de lever ou de maintenir une armée permanente dans le royaume en temps de paix, à moins que cela soit fait avec le consentement du Parlement, est contraire au droit. – Que les sujets protestants doivent pouvoir détenir des armes pour leur défense, qui soient adaptées à leur condition, dans les limites de ce que permet la loi. – Que la liberté de parole, et les débats en Parlement, ne doivent être entravés ou questionnés dans aucune cour [de justice] ni où que ce soit en dehors du Parlement. – Que l'élection des membres du Parlement doit être libre. – Qu'une caution excessive ne doit pas être exigée, ni des amendes excessives imposées, ni des punitions cruelles et inusitées infligées. – Que les membres de jurys doivent être dûment choisis et retournés, et que ceux d'entre eux qui jugent les accusés dans les cas de haute trahison doivent être de libres propriétaires (…). – Que pour qu'il soit remédié à tous les griefs, et pour l'amendement, la consolidation, et la préservation des lois, des Parlements doivent être fréquemment tenus. [Suit un passage dans lequel, après avoir affirmé leur attachement à ces principes, Guillaume et Marie sont déclarés roi et reine d'Angleterre, et acceptent ce titre. Toutes ces dispositions sont reprises dans une loi du Parlement].

VII. – Acte d'établissement (*« Act of Establishment »*) (12 juin 1701)[1]

III. Et attendu qu'il est requis et nécessaire que des dispositions supplémentaires soient prises pour garantir notre religion, nos lois et libertés, dès et après la mort de Sa Majesté et de la princesse Anne de Danemark, et qu'à défaut de lignée naturelle de ladite princesse ou de Sa Majesté, il est édicté (…) que quiconque accédera dans l'avenir à la possession de cette Couronne devra rentrer dans la communion de l'Église d'Angleterre, telle que la loi l'a établie (…) que, dès et après le moment où les limitations supplémentaires de cette loi prendront effet, toutes les questions et affaires touchant au bon gouvernement du royaume qui relèvent de la compétence du *Privy Council* en vertu des lois et coutumes de ce royaume devront être traitées en ce lieu, et toutes les résolutions prises à ce sujet devront être signées par les membres du *Privy Council* qui auront donné conseil à leur propos et y auront consenti. (…) Qu'aucune personne qui tient du Roi un office ou une position rémunérée, ou qui reçoit une pension de la Couronne, n'aura la capacité de servir en tant que membre de la Chambre des Communes (…) Que nul pardon, sous le

1. Traduit par D. Baranger sur la base du texte original, tel que reproduit par A. Browning, *English Historical Documents, 1660-1714*, Londres, 1953, p. 133-134.

Grand Sceau d'Angleterre, ne sera une défense contre un empêchement *(impeachment)* [diligenté] par les Communes devant le Parlement.

VIII. – Le *Parliament Act* du 18 août 1911[1]

Considérant qu'il est désirable de substituer à la Chambre des Lords telle qu'elle existe actuellement une seconde Chambre issue de la volonté populaire au lieu de l'hérédité mais qu'une telle substitution ne peut être réalisée immédiatement.

Considérant que le Parlement devra limiter et définir les pouvoirs de la nouvelle seconde Chambre par un texte réalisant cette substitution mais qu'il est désirable de réduire dès maintenant par le présent *Act* les pouvoirs actuels de la Chambre des Lords.

ARTICLE PREMIER *[Pouvoirs de la Chambre des Lords en ce qui concerne les projets financiers]. – (1)* Si un projet financier *(Money Bill)*, préalablement adopté par la Chambre des Communes et transmis à la Chambre des Lords un mois au moins avant la fin de la session, n'est pas voté sans amendement par la Chambre des Lords dans le mois qui suit cette transmission, ce projet sera, à moins que la Chambre des Communes n'en décide autrement, présenté à Sa Majesté et deviendra un *Act* du Parlement au moment de la signification de l'approbation royale, nonobstant l'absence de consentement de la Chambre des Lords. – *(2)* Un projet financier signifie un projet de loi qui, selon l'opinion du *Speaker* de la Chambre des Communes, ne contient que des dispositions relatives à l'ensemble ou à l'une des matières suivantes, à savoir : imposition, abrogation, remise, modification ou réglementation des impôts ; la création, la modification ou la suppression pour le règlement de dettes ou pour d'autres buts financiers, de charges pour le Fond consolidé ou sur les ressources votées par le Parlement ; les autorisations de crédits ; l'affectation des fonds publics, leur perception, détention, payement et la vérification des comptes ; l'émission, la garantie ou le remboursement de tout emprunt ; ou les matières accessoires relatives à ces questions. Dans cette sous-section, les expressions « impôts », « fonds publics » et « emprunt » ne comprennent pas les impôts, fonds ou emprunts dont bénéficient les autorités locales pour leurs besoins locaux. – *(3)* Chaque projet financier, lorsqu'il sera transmis à la Chambre des Lords ou présenté à l'approbation royale, portera une mention signée par le *Speaker* de la Chambre des Communes certifiant que c'est un projet financier. Avant de délivrer ce certificat, le *Speaker* devra consulter, s'il le peut, deux membres de la Chambre des Communes qui seront désignés au début de chaque session par le Comité de sélection parmi les mêmes de la liste des présidents.

ART. 2 *[Restriction des pouvoirs de la Chambre des Lords en ce qui concerne les Projets autres que les Projets financiers]. – (1)* Si un projet

1. Traduction du Pr Cadart, *RDP*, p. 707 *sq*. Voir aussi Sibert, *RDP*, 1912, p. 564 *sq.*, et Dareste, *op. cit.*, p. 539 *sq.*

(Public Bill)[1] (autre qu'un projet financier ou un projet contenant des dispositions augmentant la durée maximum de la législature au-delà de cinq ans) adopté par la Chambre des Communes lors de trois sessions successives[2] (du même Parlement ou de Parlements différents), et transmis à la Chambre des Lords durant chacune de ces cessions un mois au moins avant la fin de la session, est repoussé par la Chambre des Lords durant chacune de ces sessions, ce projet sera présenté à Sa Majesté dès son troisième rejet par la Chambre des Lords, à moins que la Chambre des Communes en décide autrement, et deviendra un *Act* du Parlement au moment de la signification de l'approbation royale, nonobstant l'absence de consentement de la Chambre des Lords, à condition que deux ans se soient écoulés entre la date de la seconde lecture de ce projet à la Chambre des Communes durant la première de ces sessions et la date à laquelle ce texte sera voté par la Chambre des Communes durant la troisième de ces sessions. – *(2)* Un projet présenté à l'approbation royale, en exécution des dispositions de cette section, portera la mention signée par le *Speaker* de la Chambre des Communes certifiant que ces dispositions ont été entièrement appliquées. – *(3)* Un projet sera considéré comme rejeté par la Chambre des Lords s'il n'est pas adopté par celle-ci soit sans amendement, soit avec des amendements acceptés par les deux Chambres. – *(4)* Un projet sera considéré comme le même projet qu'un ancien projet transmis à la Chambre des Lords durant la session précédente si, lorsqu'il est transmis à la Chambre des Lords, il est identique au précédent projet ou ne contient que des modifications considérées par le *Speaker* de la Chambre des Communes comme nécessaires en raison du temps qui s'est écoulé depuis la date du précédent projet ou comme représentant les amendements apportés par la Chambre des Lords à ce projet durant la session précédente et certifiées comme telles : tout amendement certifié par le *Speaker* comme amendement apporté au projet par la Chambre des Lords durant la troisième session et accepté par la Chambre des Communes, sera inséré dans le projet présenté à l'approbation royale en application de la présente section. Toutefois, la Chambre des Communes pourra, si elle le juge utile, lors de l'examen d'un tel projet durant la deuxième ou la troisième session, proposer d'autres amendements sans inclure ceux-ci dans le projet : tout amendement ainsi proposé sera examiné par la Chambre des Lords et en cas d'accord de celle-ci sera considéré comme un amendement de la Chambre des Lords accepté par la Chambre des Communes ; cependant, l'exercice de ce droit par la Chambre des Communes ne modifiera pas les effets de cette section au cas où le projet serait rejeté par la Chambre des Lords.

1. Un point de vocabulaire. Les *Public Bills* sont les projets ou propositions de loi de portée générale ou d'intérêt général. Les *Private Bills* sont les projets ou propositions visant des intérêts particuliers ou le bénéfice d'une ou plusieurs personnes physiques ou morales. Les procédures d'adoption de ces *Bills* sont assez sensiblement distinctes. En tout cas, l'*Act* de 1911 ne vise pas les *Private Bills.* N.B. – La distinction entre *Public* et *Private Bills* concerne le fond et non l'initiative des lois. Si la plupart des *Public Bills* sont introduits par l'exécutif, ils peuvent aussi l'être par des parlementaires. L'on parle alors de *Private Member's Bills* (en français : *proposition* de loi par opposition à *projet*).

2. Une fois par session.

S

CO

POS

petit ouvrage, si l'on met à
Bretagne, que des extraits
tout Allemagne) ou moins
). Comme dans les *Textes*
ngé, dans le choix de ces
année des facultés de
les destinataires pri-
menter leur réflexion
i que sur les grands
a doctrine contem-
ssiques, suisse ou
ale ; droits fonda-
nt presque partout
le rationalisation

la masse touf-
a constitution
e sauraient
droit

ART. 7 *[Durée de la législature].* – Cinq ans seront substitués à sept ans pour la durée maxima de chaque législature telle qu'elle a été fixée par l'*Act* de 1715 fixant cette durée à sept ans[1].

IX. – Le *Parliament Act* du 16 décembre 1949[2]

ARTICLE PREMIER *[Substitution des mentions de deux sessions et un an à celles de trois sessions et deux ans].* – Le *Parliament Act* de 1911 aura effet et sera censé avoir eu effet depuis le début de la session durant laquelle le Projet du présent *Act* a été présenté à la Chambre des Communes (excepté pour ce projet lui-même), comme si : *a)* avaient été substitués, dans les sous-sections *(1)* et *(4)* de la section deux de l'*Act* précité, aux mots : « en trois sessions successives », « au moment de son troisième rejet », « durant la troisième de ces sessions », « durant la troisième session » et « durant la deuxième ou la troisième session », respectivement, les mots : « en deux sessions successives », « au moment de son deuxième rejet », « durant la seconde de ces sessions », « durant la seconde session », et « durant la seconde session », respectivement ; et *b)* avaient été substitués, dans la sous-section *(1)* de la section deux précitée, aux mots « que deux ans se soient écoulés » les mots « qu'un an se soit écoulé » ; étant entendu que, si un projet a été repoussé pour la seconde fois par la Chambre des Lords avant l'approbation royale du présent *Act*, que ce rejet ait eu lieu dans la même session que celle durant laquelle l'approbation royale a été donnée au présent *Act* ou durant une session antérieure, l'exigence de ladite section deux, qu'un projet soit présenté à Sa Majesté au moment du second rejet de la Chambre des Lords, aura pour effet que le projet repoussé devra être présenté à Sa Majesté aussitôt après l'approbation royale du présent *Act* et, même si un tel rejet a lieu durant une session antérieure, le projet repoussé pourra recevoir l'approbation royale durant la session au cours de laquelle l'approbation royale a été donnée au présent *Act.*

X. – La loi sur les droits de l'homme (9 novembre 1998, chapitre 42)[3]

1 – (1) Dans cette loi, [le terme] « droits de la convention » signifie les droits et les libertés fondamentales énoncés dans (a) les articles 2 à 12 et 14 de la convention, (b) les articles 1 à 3 du premier protocole et (c) les articles 1 à 2 du sixième protocole, lus en combinaison avec les articles 16 et 18 de la convention. (2) Il est donné effet à ces articles pour les finalités de la présente loi, sauf pour les dérogations ou les réserves qu'elle comporte (au sujet desquelles v. les sections 14 et 15). (…) (3) Le Secrétaire d'État pourra adopter par règlement les amendements à cette

1. *Septennial Act.*
2. Modifiant l'*Act* de 1911. Traduction du Pr Cadart, art. cit., p. 709.
3. Trad. Denis Baranger.

loi qui lui paraîtront appropriés pour tirer les conséquences *[reflect]*, en ce qui concerne le Royaume-Uni, d'un protocole (...).

2 – (1) Une cour de justice ou tribunal [*N.d.T.* : organe administratif quasi juridictionnel] ayant à trancher une question ayant un lien avec un droit de la convention doit prendre en compte tous les : (a) jugements, décisions, déclarations ou opinions consultatives *[advisory opinions]* de la Cour européenne des droits de l'homme, (b) opinions de la commission données dans un rapport adopté sur le fondement de l'article 31 de la convention, (c) décisions de la commission en relation avec l'article 26 ou 27 (2) de la convention ou (d) décisions du comité des ministres prises sur le fondement de l'article 46 de la convention ; à chaque fois qu'ils sont faits ou donnés pour autant que, dans l'opinion de la cour ou du tribunal, cela est pertinent dans le cadre des instances dans lesquelles la question apparaît. (...) (3) Dans cet article « règles » signifie : règles de procédure de la juridiction ou, dans le cas d'une instance devant un tribunal, règles faites pour les finalités de cet article (...).

3 – (1) Pour autant que cela soit possible, la législation primaire et la législation subordonnée doivent être interprétées et mises en application d'une manière compatible avec les droits de la convention. (2) Cet article (a) s'applique à la législation primaire et à la législation subordonnée lorsqu'elles sont adoptées ; (b) n'affecte pas la validité, le maintien en vigueur *[continuing operation]* ou la mise en œuvre d'une quelconque législation primaire incompatible ; et (c) n'affecte pas la validité, le maintien en vigueur *[continuing operation]* ou la mise en œuvre d'une quelconque législation subordonnée incompatible si (nonobstant toute possibilité d'abrogation *[revocation]*) la législation primaire rend impossible la suppression de l'incompatibilité.

4 – (1) L'al. 2 [de cet article] s'applique dans toutes les instances dans lesquelles une juridiction détermine si une disposition issue d'une législation primaire est compatible avec un droit de la convention. (2) S'il apparaît à la cour que la disposition est incompatible avec un droit de la convention, elle peut procéder à une déclaration d'incompatibilité. (3) L'al. 4 [id.] s'applique à toute instance dans laquelle une cour de justice détermine si une disposition issue d'une législation subordonnée, adoptée dans l'exercice d'un pouvoir conféré par une législation primaire, est compatible avec un droit de la convention. (4) S'il apparaît à la cour (a) que la disposition est incompatible avec un droit de la convention, et (b) que (nonobstant toute possibilité d'abrogation) la législation primaire en question fait obstacle à la suppression de l'incompatibilité, elle peut procéder à une déclaration d'incompatibilité. (5) Dans cet article, « cour » signifie : (a) la Chambre des Lords ; (b) le comité judiciaire du conseil privé ; (c) La cour martiale d'appel ; (d) en Écosse, la Haute cour de justice siégeant autrement que comme formation de jugement *[trial court]* ou la cour de session ; (e) en Angleterre et en Écosse ou en Irlande du Nord, la Haute Cour ou la cour d'appel. (6) Une déclaration faite sur le fondement de cet article (« déclaration d'incompatibilité ») (a) n'affecte pas la validité, le maintien en vigueur *[continuing operation]* ou la mise

en œuvre de la disposition au sujet de laquelle elle est donnée ; et (b) ne lie pas les parties à l'instance dans laquelle elle est effectuée.

(...)

6 – (1) Il est illégal, de la part d'une autorité publique, d'agir d'une manière incompatible avec un droit de la convention. (2) L'al. 1 ne s'applique pas à une action si (a) en raison d'une ou plusieurs dispositions de législation primaire, l'autorité ne pouvait pas agir différemment, ou (b) dans le cas d'une ou plusieurs dispositions de la législation primaire, ou faites sur son fondement, qui ne peuvent être interprétées ou appliquées d'une manière qui est incompatible avec les droits de la convention, l'autorité agissait de manière à mettre en œuvre ou à faire respecter ces dispositions. (3) Dans cet article, « autorité publique » inclut : (a) une cour de justice ou tribunal, et (b) toute personne dont les fonctions sont d'une nature publique, mais n'inclut pas les chambres du parlement ou une personne exerçant des fonctions en relation avec des débats parlementaires *[proceedings in parlement]*. (4) Dans l'al. 3, « parlement » n'inclut pas la Chambre des Lords dans l'exercice de sa compétence judiciaire. (5) En relation avec un acte donné, une personne n'est pas une autorité publique par le seul effet de l'al. 3 (b) si l'acte est de nature privée. (6) Le mot « acte » inclut le défaut d'action mais n'inclut pas une abstention de (a) prendre l'initiative, ou de soumettre, au parlement une proposition de loi *[proposal for legislation]* ou (b) d'adopter une quelconque législation ou mesure corrective *[remedial order]*.

(...)

8 – (1) En ce qui concerne tout acte (ou projet d'acte) d'une autorité publique que la cour juge illégal, elle peut accorder une mesure d'assistance *[relief]* ou un remède, ou ordonner une mesure dans la limite de ses pouvoirs et qu'elle considère comme juste et appropriée. (2) Mais les dommages-intérêts ne peuvent être accordés que par une juridiction qui a le pouvoir de les accorder, ou d'ordonner le paiement d'une somme due *[compensation]*, dans le cadre d'une instance civile. (...).

(...)

10 – (1) Cet article s'applique si (a) une disposition législative a été, sur le fondement de l'article 4, déclarée incompatible avec un droit de la convention et, si un appel a été formé, (i) toutes les personnes qui peuvent former appel ont attesté par écrit qu'elles n'avaient pas l'intention de le faire ; (ii) le délai d'appel a expiré et aucun appel n'a été formé pendant ce délai ; ou (iii) un appel formé pendant ce délai a été jugé ou abandonné, ou (b) il apparaît à un ministre de la couronne ou à S. M. en son conseil qu'au regard d'un constat de fait *[finding]* opéré par la CEDH après l'entrée en vigueur de cet article dans une instance contre le Royaume-Uni, une disposition législative est incompatible avec une obligation du Royaume-Uni issue de la convention. (2) Si un ministre considère qu'il existe des raisons contraignantes pour agir en vertu de cet article, il peut prendre une mesure ayant pour effet d'amender la législation de la manière qui lui paraît appropriée pour supprimer cette incompatibilité. (3) Si, dans le cas d'une législation subordonnée, un ministre de la couronne considère (a) qu'il est

nécessaire d'amender la législation primaire sur le fondement de laquelle la législation subordonnée en question a été faite, de manière à permettre la suppression de l'incompatibilité, et (b) qu'il y a des raisons contraignantes d'intervenir en vertu de cet article, il peut prendre une mesure ayant pour effet d'amender la législation primaire comme il le croit nécessaire. (…).

(…)

19 – (1) Un ministre de la Couronne en charge d'un *bill* devant l'une ou l'autre des chambres du Parlement doit, avant la seconde lecture du *bill*, (a) procéder à une déclaration en vertu de laquelle les dispositions de la loi sont compatibles avec les droits de la convention (« une déclaration de compatibilité ») ; ou (b) faire une déclaration en vertu de laquelle, bien qu'il ne soit pas en mesure de procéder à une déclaration d'incompatibilité, le gouvernement souhaite néanmoins que la chambre ne procède à l'examen du *bill*. (…).

XI. – **Un exemple de loi de dévolution : la loi sur l'Écosse (19 novembre 1998, chapitre 46)**[1]

Première partie. – **Le Parlement écossais**

1 – (1) Un Parlement écossais est institué. (2) Un membre [de ce] Parlement sera désigné dans chaque circonscription (selon le système de la majorité simple) lors d'une élection effectuée dans la circonscription. (3) Les membres du Parlement pour chaque région seront désignés lors de chaque élection générale selon le système du membre additionnel à la représentation proportionnelle prévu dans cette partie (…).

5 – (1) Lors d'une élection générale, les candidats doivent se présenter pour un siège de circonscription ou pour un siège régional [(2) sans cumul possible]. (3) Les candidats à un siège régional doivent être présentés sur une liste soumise en application de l'al. 4 [*i.e.* déposée par un parti politique enregistré en application de la loi sur les partis de 1998] ou des candidats à titre individuel.

28 – (1) Sous les restrictions prévues à la section 29, le Parlement peut faire des lois, qui seront désignées comme Lois du Parlement écossais. (2) Les propositions de loi du Parlement écossais seront appelées des *bills*. Un *bill* devient une loi du Parlement écossais lorsqu'il a été adopté par le Parlement et a reçu le consentement royal… (5) La validité d'une loi du Parlement écossais n'est affectée par aucune invalidité intervenant lors de la procédure parlementaire conduisant à son adoption. (6) Toute loi du Parlement écossais doit être acceptée par les cours de justice comme ayant valeur obligatoire *[shall be judicially noticed]*. (7) Cette section ne porte pas atteinte au pouvoir du Parlement du Royaume-Uni de faire des lois pour l'Écosse.

29 – (1) Une loi du Parlement écossais ne vaut pas droit *[is not law]* du moment qu'une quelconque disposition qu'elle contient excède la

1. Trad. Denis Baranger.

compétence législative du Parlement [écossais]. (2) Une disposition excède cette compétence du moment que l'un des paragraphes suivants trouve à s'appliquer : (a) Il ferait partie du droit d'un pays ou territoire autre que l'Écosse, ou conférerait ou retirerait des pouvoirs *[functions]* exerçables autrement qu'en Écosse ou en ce qui concerne l'Écosse. (b) Il porte sur des matières réservées. (c) Il intervient en violation des limitations prévues par l'annexe 4. (d) Il est incompatible avec un quelconque droit de la Convention [européenne des droits de l'homme] ou avec le droit communautaire. (e) Il retirerait au *Lord Advocate* son rôle de chef du système de ministère public et d'investigations criminelles en Écosse. (...)

(...)

DEUXIÈME PARTIE. – **L'administration écossaise *[the scottish administration]***

44 – (1) Est institué un exécutif écossais, dont les membres sont (a) le ministre en chef *[first minister]*, (b) les ministres que le ministre en chef nomme en application de l'article 47 (...) (c) le *Lord Advocate* et le *Solicitor General* pour l'Écosse. (2) La dénomination collective des membres de l'exécutif écossais est : les ministres écossais. (3) [Incompatibilité avec les fonctions de ministre britannique]. (...)

45 – (1) Le ministre en chef est nommé par Sa Majesté parmi les membres du Parlement et reste en fonctions selon le plaisir de S. M. (2) Le ministre en chef peut à tout moment donner sa démission, et doit le faire si le Parlement décide que l'exécutif écossais ne bénéficie plus de sa confiance. (3) Le ministre en chef cesse ses fonctions si une personne est nommée à sa place. (...).

46 – (1) Si l'un des événements suivants intervient, le Parlement doit pendant la période autorisée [N.d.T. : normalement 28 jours] proposer l'un de ses membres pour qu'il soit nommé ministre en chef ; (2) les événements sont (a)... une élection générale ; (b) la présentation par le ministre en chef de sa démission à S. M. ; (c) la vacance du poste de ministre en chef ; (d) le fait pour le ministre en chef de ne plus être membre du Parlement pour un motif autre que la dissolution. (...).

47 – (1) Le ministre en chef, avec l'approbation de S. M., nomme les ministres ; [il les choisit] parmi les membres du Parlement (2) Le ministre en chef ne soumettra aucune nomination à S. M. sans le consentement du Parlement (3) Un ministre nommé sur le fondement de cet article – (a) reste en fonction selon le plaisir de S. M. ; (b) peut être révoqué par le Premier ministre ; (c) peut à tout moment démissionner, et doit le faire si le Parlement décide que l'exécutif écossais ne bénéficie plus de sa confiance (...).

(...)

53 – (1) Les pouvoirs mentionnés à l'al. (2) doivent, pour autant qu'ils peuvent être exercés dans le cadre de compétences dévolues, pouvoir être exercés par les ministres écossais plutôt que par un ministre de la Couronne. (2) Ces pouvoirs sont : (a) ceux de la prérogative de S. M. et les autres pouvoirs exécutifs qui peuvent être exercés au nom de S. M. par un ministre de la Couronne ; (b) d'autres pouvoirs conférés à un ministre

de la Couronne par un acte de la prérogative *[a prerogative instrument]* ; (c) des pouvoirs conférés à un ministre de la Couronne par une quelconque mesure [antérieure à l'adoption de la présente loi].

(…)

57 – (1) En dépit du transfert, opéré sur la base de l'article 53, de pouvoirs relatifs au respect et à la mise en œuvre d'obligations issues du droit communautaire, tous les pouvoirs d'un ministre de la Couronne en relation avec une quelconque matière continuent d'être exercés par lui en ce qui concerne l'Écosse pour les finalités visées à l'article 1 (2) de la loi de 1972 sur les communautés européennes. (2) Un membre de l'exécutif écossais n'a pas le pouvoir d'adopter une quelconque législation déléguée ou une loi quelconque, pour autant que lesdites mesures seraient incompatibles avec l'un quelconque des droits conventionnels ou avec le droit communautaire. (…)

58 – (1) Si le Secrétaire d'État a des motifs raisonnables de croire qu'une quelconque action qu'un membre de l'exécutif écossais se propose d'entreprendre serait incompatible avec une quelconque obligation internationale, il peut prendre un acte administratif *[order]* ordonnant que ladite action ne soit pas entreprise ; (2) Si le Secrétaire d'État a des motifs raisonnables de croire qu'une quelconque action susceptible d'être entreprise par un membre de l'exécutif écossais serait nécessaire pour l'accomplissement d'une quelconque obligation [internationale], il peut prendre un acte administratif *[order]* ordonnant que ladite action soit entreprise. (…). (4) Si une quelconque législation déléguée adoptée ou pouvant être rapportée par un membre de l'exécutif écossais contient des dispositions : (a) dont le Secrétaire d'État a des motifs raisonnables de croire qu'elles sont incompatibles avec une quelconque obligation internationale ou les intérêts de la défense ou de la sécurité nationale, ou (b) qui procède à des modifications du droit s'appliquant à des matières réservées et au sujet desquelles le Secrétaire d'État a des motifs raisonnables de croire qu'elles ont un effet négatif sur la mise en œuvre du droit tel qu'il s'applique aux matières réservées, le Secrétaire d'État peut abroger ladite législation.

(…)

73 – (1) Sous les réserves formulées par l'article 74, le présent article s'applique pour toute année de référence pour laquelle l'impôt sur le revenu est exigible, si (a) le Parlement [écossais] a adopté une résolution prévoyant que le pourcentage déterminé était le taux de base de ladite année augmenté ou réduit en ce qui concerne les contribuables écossais de la manière prévue par ladite résolution, (b) l'augmentation ou la réduction décidée est limitée à une augmentation ou une réduction d'une valeur ne dépassant pas trois fois ce qui est spécifié dans la résolution (…), et (c) la résolution n'a pas été annulée par une résolution ultérieure du Parlement. (2) Si cet article est applicable pour une quelconque année de référence les lois sur l'impôt sur le revenu (excepté cette partie) seront applicables s'agissant du revenu des contribuables écossais comme si tout taux d'imposition fixé par le Parlement du Royaume-Uni

comme le taux de base pour ladite année était augmenté ou réduit en conformité avec la résolution du Parlement écossais.

(...)

ANNEXE 5. – **Matières réservées**

Première partie. – *Réserves générales*

1 – Les aspects suivants de la constitution sont des matières réservées : (a) La couronne, y compris la succession et la régence ; (b) L'Union des royaumes d'Écosse et d'Angleterre ; (c) Le Parlement du Royaume-Uni ; (d) L'existence continue de la haute cour de justice *[high court of justiciary]* comme cour criminelle de première instance et d'appel ; (e) L'existence continue de la Cour de Sessions *[court of sessions]* comme cour civile de première instance et d'appel.

2 – (1) Le § 1 ne réserve pas : (a) La prérogative de S. M. et les autres pouvoirs exécutifs ; (b) Les pouvoirs exerçables par une quelconque personne agissant pour le compte de la couronne ; (c) Les offices de l'administration écossaise.

(...)

6 – L'enregistrement et le financement des partis politiques sont une matière réservée.

7 – (1) Les relations internationales, y compris les relations avec les territoires à l'extérieur du Royaume-Uni, les communautés européennes (et leurs institutions) et les autres organisations internationales... sont des matières réservées. (2) Le sous-§ 1 ne réserve pas (a) l'observation et l'application des obligations internationales, des obligations issues de la convention [européenne] des droits de l'homme et des obligations issues du droit communautaire (...).

8 – (1) La fonction publique de l'État est une matière réservée (...).

9 – (1) Les matières suivantes sont réservées : (a) la défense du royaume (...).

10 – (1) La trahison (...) est une matière réservée.

XII. – **La loi sur la Chambre des Lords (11 novembre 1999, chapitre 34)**[1]

1 – Nul ne sera membre de la Chambre des Lords en vertu d'une pairie héréditaire.

2 – (1) La section 1 ne s'appliquera pas en relation avec quiconque qui bénéficierait d'une dérogation réalisée par, ou en conformité avec, un règlement permanent de la Chambre ; (2) À un moment donné, 90 personnes ne seront pas soumises à la section 1 (...) ; (3) Les personnes bénéficiant d'une dérogation au titre de la section 1 continueront à en jouir à vie (jusqu'à ce qu'il en soit disposé autrement par une loi du Parlement) (...).

3 – Le titulaire d'une pairie héréditaire ne doit pas être, en vertu de celle-ci, disqualifié pour (a) participer [*N.d.T.* : comme électeur]

1. Trad. Denis Baranger.

aux élections à la Chambre des Communes, ou (b) être membre de cette chambre, ou y être élu (...).

XIII. – **La loi de réforme de la Constitution (24 mars 2005, chapitre 4)**[1]

(...)

Deuxième partie. – *Dispositions modifiant l'office de Lord Chancelier*

(...)

Une indépendance judiciaire irrévocable

3. La garantie d'une indépendance judiciaire irrévocable *[continued]*

(1) Le Lord Chancelier, les autres ministres de la Couronne et tous ceux qui ont des responsabilités en matière de justice ou d'administration de la justice doivent faire respecter l'indépendance irrévocable de la justice. (...)

(5) Le Lord Chancelier et les autres ministres de la Couronne ne doivent pas chercher à influencer les décisions judiciaires individuelles par l'intermédiaire d'un contact quelconque avec l'appareil judiciaire.

La justice et les cours en Angleterre et au Pays de Galles

7. Le président des cours d'Angleterre et du Pays de Galles

(1) Le *Lord Chief Justice* occupe la charge de président des cours d'Angleterre et du Pays de Galles, et il est à la tête de l'appareil judiciaire d'Angleterre et du Pays de Galles.

La présidence de la Chambre des Lords

18. La présidence de la Chambre des Lords

L'annexe 6 contient des amendements relatifs à la présidence de la Chambre des Lords[2]. (...)

Troisième partie. – *La Cour suprême*

La Cour suprême

23. La Cour suprême

(1) Il y aura une Cour suprême du Royaume-Uni.

(2) La Cour comprendra 12 juges désignés par Sa Majesté par lettres patentes. (...)

24. Les premiers membres de la Cour

Lors de l'entrée en vigueur *(commencement)* de la section 23,

(a) Les personnes qui immédiatement avant cette entrée en vigueur sont *Lords of Appeal in Ordinary* deviendront juges de la Cour suprême,

(b) La personne qui immédiatement avant cette entrée en vigueur est le plus âgé des *Lords of Appeal in Ordinary* deviendra le président de la Cour suprême, et

1. Trad. Julien Boudon.
2. L'annexe 6 enlève la présidence de la Chambre des Lords au Lord Chancelier et crée la fonction de *Speaker of the House of the Lords*.

(c) La personne qui immédiatement avant cette entrée en vigueur est le deuxième *Lord of Appeal in Ordinary* le plus âgé deviendra le vice-président *(Deputy)* de la Cour. (…)

29. Les options du Lord Chancelier

(1) Cette section a trait aux étapes suivantes :

Première étape : une personne a été choisie en vertu de la section 27 [qui confie cette mission à une commission visée à l'annexe 8].

Deuxième étape : une personne a été choisie après un rejet ou une demande en reconsidération lors de l'étape 1.

Troisième étape : une personne a été choisie après un rejet ou une demande en reconsidération lors de l'étape 2.

(2) Lors de la première étape, le Lord Chancelier doit accomplir un de ces actes :

(a) accepter *[notify]* le choix ;

(b) rejeter le choix ;

(c) demander à la commission de reconsidérer son choix.

(3) Lors de la deuxième étape, le Lord Chancelier doit accomplir un de ces actes :

(a) accepter le choix ;

(b) rejeter le choix, mais seulement s'il a été opéré après une demande de révision lors de la première étape.

(c) demander à la commission de reconsidérer son choix, mais seulement s'il a été opéré après un rejet lors de la première étape.

(4) Lors de la troisième étape, le Lord Chancelier doit accepter le choix, à moins que la sous-section (5) ne s'applique, auquel cas il présentera la personne choisie en vertu de celle-ci.

(5) Si une personne dont le choix a fait l'objet d'une demande de reconsidération de la part du Lord Chancelier lors des étapes 1 et 2 n'est toujours pas acceptée lors de l'étape suivante, le Lord Chancelier doit présenter le nom de cette personne au Premier ministre lors de la troisième étape. (…)

Les modalités de la désignation

(…)

33. Durée des fonctions

Un juge à la Cour suprême exerce sa charge à vie *[during good behaviour]*, mais il peut être destitué par une adresse des deux Chambres du Parlement. (…)

Compétence, relation avec les autres cours, etc.

40. Compétence

(1) La Cour suprême est une cour supérieure de justice.

(2) Il est fait appel devant la Cour de tout jugement des cours d'appel d'Angleterre et du Pays de Galles en matière civile.

(3) Il est fait appel devant la Cour de tout jugement d'une cour d'Écosse s'il a déjà été fait appel d'un tel jugement devant la Chambre des Lords ou immédiatement avant l'entrée en vigueur de cette section.

(4) L'annexe 9 :

(a) transfère les autres compétences de la Chambre des Lords à la Cour,

(b) transfère la compétence du *Judicial Committee of the Privy Council* en matière de dévolution à la Cour, et

(c) prévoit d'autres modifications relatives à la compétence. (…)

Quatrième partie. – *Les nominations judiciaires et la discipline* (…)

Deuxième chapitre. – Les nominations (…)

Le Lord Chief Justice et les chefs de départements[1]

70. La procédure de sélection

(1) Sur réception d'une demande, la Commission[2] doit désigner un comité de sélection. (…)

71. Le comité de sélection

(1) Le comité de sélection doit comprendre quatre membres.

(2) Le premier membre est le juge de la Cour suprême d'Angleterre et du Pays de Galles le plus âgé, ou la personne désignée par lui.

(3) À moins que la section (7) s'applique, le second membre est le *Lord Chief Justice*, ou la personne désignée par lui.

(4) À moins que la section (9) s'applique, le troisième membre est le président de la Commission, ou la personne désignée par lui.

(5) Le quatrième membre est le membre non professionnel de la Commission désigné par le troisième membre. (…)

73. Les options du Lord Chancelier

(1) Cette section a trait aux étapes suivantes :

Première étape : une personne a été choisie en vertu de la section 70.

Deuxième étape : une personne a été choisie après un rejet ou une demande en reconsidération lors de l'étape 1.

Troisième étape : une personne a été choisie après un rejet ou une demande en reconsidération lors de l'étape 2.

(2) Lors de la première étape, le Lord Chancelier doit accomplir un de ces actes :

(a) accepter le choix ;

(b) rejeter le choix ;

(c) demander au comité de reconsidérer son choix.

(3) Lors de la deuxième étape, le Lord Chancelier doit accomplir un de ces actes :

(a) accepter le choix ;

(b) rejeter le choix, mais seulement s'il a été opéré après une demande de révision lors de la première étape.

1. Il s'agit, selon la section 67, du *Master of Rolls*, du *President of the Queen's Bench Division*, du *President of the Family Division* et du *Chancellor of the High Court*.

2. En vertu de la section 61, cette commission est appelée *Judicial Appointments Commission*. Sa composition relève de l'annexe 12, qui dispose qu'elle comprend 15 membres nommés par Sa Majesté sur la proposition du Lord Chancelier : six membres non professionnels, dont le président, cinq juges, deux avocats, etc.

(c) demander au comité de sélection de reconsidérer son choix, mais seulement s'il a été opéré après un rejet lors de la première étape.

(4) Lors de la troisième étape, le Lord Chancelier doit accepter le choix, à moins que la sous-section (5) ne s'applique, auquel cas il présentera la personne choisie en vertu de celle-ci.

(5) Si une personne dont le choix a fait l'objet d'une demande de révision de la part du Lord Chancelier lors des étapes 1 et 2 n'est toujours pas acceptée lors de l'étape suivante, le Lord Chancelier doit, lors de la troisième étape, accepter le choix opéré lors d'une étape précédente. (…)

74. L'exercice des pouvoirs de rejet ou de demande de révision

(1) Le pouvoir du Lord Chancelier, sous l'empire de la section 73, de rejeter un choix lors des étapes 1 ou 2 ne peut être exercé que si, dans l'opinion du Lord Chancelier, la personne choisie ne convient pas à la charge en cause.

(2) Le pouvoir du Lord Chancelier, sous l'empire de la section 73, de demander au comité de sélection de reconsidérer un choix lors des étapes 1 ou 2 ne peut être exercé que si, dans l'opinion du Lord Chancelier,

(a) Il n'y a pas de preuve suffisante que cette personne convient à la charge en cause, ou

(b) Il y a une preuve que cette personne n'est pas le candidat le plus méritant. (…)

75. Le choix après un rejet ou une demande de reconsidération

(1) Si le Lord Chancelier, sous l'empire de la section 73, rejette ou demande la reconsidération d'un choix lors des étapes 1 ou 2, le comité de sélection doit choisir une personne en conformité avec cette section.

(2) Si le Lord Chancelier rejette un choix, le comité de sélection :

(a) ne doit pas choisir la personne repoussée, et

(b) si le rejet suit la demande en reconsidération d'un choix, ne doit pas choisir la personne (si ce n'est pas la même) dont le choix a fait l'objet d'une demande en reconsidération.

(3) Si le Lord Chancelier demande à ce qu'un choix soit reconsidéré, le comité de sélection :

(a) peut choisir la même personne ou une autre, mais

(b) si la demande a suivi un rejet, ne peut pas choisir la personne repoussée. (…)

XIV. – La loi sur la durée déterminée des législatures (« *Fixed-term Parliaments Act 2011* ») (15 septembre 2011)[1]

1. La date des élections législatives (…).

(2) La date des prochaines élections législatives après le vote de la présente loi est fixée au 7 mai 2015.

1. Trad. Julien Boudon, avec le concours de Pauline Beaugé de La Roque. – Jean-Philippe Derosier et David Marrani ont les premiers attiré l'attention sur ce texte.

(3) La date des élections législatives ultérieures est fixée au premier jeudi de mai de la cinquième année calendaire suivant celle de la date des élections législatives précédentes. (…)

2. Élections législatives anticipées.

(1) Des élections législatives anticipées doivent avoir lieu si : (a) la Chambre des Communes vote une motion dans la forme établie à la sous-section (2), et (b) si la motion faisant l'objet d'un vote *(« on a division »)*, le nombre de voix en faveur de la motion est égal ou supérieur aux deux tiers des sièges à la Chambre (y compris les sièges vacants).

(2) Les termes de la motion pour les besoins de la sous-section (1) (a) sont : « Qu'il doit y avoir des élections législatives anticipées ».

(3) Des élections législatives anticipées doivent également avoir lieu si : (a) la Chambre des Communes vote une motion dans la forme établie à la sous-section (4), et si (b) la période de quatorze jours après le jour où la motion a été votée s'achève sans que la Chambre vote une motion dans la forme établie à la sous-section (5).

(4) Les termes de la motion pour les besoins de la sous-section (3) (a) sont : « Que la Chambre n'a pas confiance dans le gouvernement de Sa Majesté ».

(5) Les termes de la motion pour les besoins de la sous-section (3) (b) sont : « Que la Chambre a confiance dans le gouvernement de Sa Majesté ». (…)

3. Dissolution du Parlement.

(1) Le Parlement en exercice se dissout au début du dix-septième jour ouvré précédant la date des prochaines élections législatives (…).

(2) Le Parlement ne peut être autrement dissout. (…)

XV. – La loi sur la succession de la Couronne (« *Succession to the Crown Act 2013* ») (25 avril 2013)

1. La succession à la Couronne indifférente au sexe.

Pour déterminer la succession à la Couronne, le sexe d'une personne née après le 28 octobre 2011 ne donne pas à cette personne, ou à ses descendants, un privilège par rapport à toute autre personne (quelle que soit la date de sa naissance).

2. La suppression de la disqualification résultant du mariage avec une personne de confession catholique.

(1) Une personne n'est pas écartée de la succession à la Couronne ou de la possession de la Couronne au motif qu'elle aurait épousé une personne de confession catholique. (…)

3. Le consentement du Souverain requis pour certains mariages royaux.

(1) Une personne qui (au moment de son mariage) est une des six premières dans la ligne de succession à la Couronne doit obtenir le consentement de Sa Majesté avant de se marier. (…)

(3) Si une personne ne satisfait pas à la sous-section 1, elle et ses descendants issus du mariage sont écartés de la succession à la Couronne. (…)

Chapitre II

LES ÉTATS-UNIS

I. – Déclaration de l'Indépendance des États-Unis (4 juillet 1776)[1]

Lorsque, dans le cours des événements humains, il devient nécessaire pour un peuple de dissoudre les liens politiques qui l'ont attaché à un autre et de prendre, parmi les puissances de la terre, la place séparée et égale à laquelle les lois de la nature et du Dieu de la nature lui donnent droit, le respect dû à l'opinion de l'humanité l'oblige à déclarer les causes qui le déterminent à la séparation.

Nous tenons pour évidentes par elles-mêmes les vérités suivantes : tous les hommes sont créés égaux ; ils sont doués par leur Créateur de certains droits inaliénables ; parmi ces droits se trouvent la vie, la liberté et la recherche du bonheur. Les gouvernements sont établis par les hommes pour garantir ces droits, et leur juste pouvoir émane du consentement des gouvernés. Toutes les fois qu'une forme de gouvernement devient destructive de ce but, le peuple a le droit de la changer ou de l'abolir, et d'établir un nouveau gouvernement, en le fondant sur les principes et en l'organisant en la forme qui lui paraîtront les plus propres à lui donner la sûreté et le bonheur. La prudence enseigne, à la vérité, que les gouvernements établis depuis longtemps ne doivent pas être changés pour des causes légères et passagères ; et l'expérience de tous les temps a montré, en effet, que les hommes sont plus disposés à tolérer des maux supportables qu'à se faire justice à eux-mêmes, en abolissant les formes auxquelles ils sont accoutumés. Mais, lorsqu'une longue suite d'abus et d'usurpations, tendant invariablement au même but, marque le dessein de les soumettre au despotisme absolu, il est de leur droit, il est de leur devoir, de rejeter un tel gouvernement et de pourvoir par de nouvelles sauvegardes à leur sécurité future. Telle a été la patience de ces colonies, et telle est aujourd'hui la nécessité qui les force à changer leurs anciens systèmes de gouvernement. L'histoire du roi actuel de la Grande-Bretagne est l'histoire d'une série d'injustices et d'usurpations répétées qui, toutes, avaient pour but direct l'établissement d'une tyrannie absolue sur ces États. Pour le prouver, soumettons les faits au monde impartial[2].

1. Traduction de Jefferson lui-même.
2. Suit l'énoncé des 27 griefs des colonies à l'encontre de la Couronne.

En conséquence, Nous, les représentants des États-Unis d'Amérique assemblés en Congrès général, prenant à témoin le Juge suprême de l'univers de la droiture de nos intentions, publions et déclarons solennellement, au nom et par l'autorité du bon peuple de ces colonies, que ces Colonies unies sont et ont droit d'être des États libres et indépendants ; qu'elles sont dégagées de toute obéissance envers la Couronne de la Grande-Bretagne ; que tout lien politique entre elles et l'État de la Grande-Bretagne est et doit être entièrement dissous ; que, comme les États libres et indépendants, elles ont pleine autorité de faire la guerre, de conclure la paix, de contracter des alliances, de réglementer le commerce et de faire tous autres actes ou choses que des États indépendants ont droit de faire ; et, pleins d'une ferme confiance dans la protection de la divine Providence, Nous engageons mutuellement au soutien de cette déclaration nos vies, nos fortunes et notre bien le plus sacré, l'honneur.

II. – Déclaration des droits de Virginie (juin 1776)[1]

Déclaration des droits qui doivent nous appartenir, à nous et à notre postérité, et qui doivent être regardés comme le fondement et la base du gouvernement.

I. Tous les hommes sont nés également libres & indépendants : ils ont des droits certains, essentiels & naturels, dont ils ne peuvent, par aucun contrat, priver ni dépouiller leur postérité : tels sont le droit de jouir de la vie & de la liberté, avec les moyens d'acquérir & de posséder des propriétés, de chercher & d'obtenir le bonheur & la sûreté.

II. Toute autorité appartient au Peuple, & par conséquent émane de lui : les Magistrats sont ses Mandataires, ses serviteurs & lui sont comptables dans tous les tems.

III. Le Gouvernement est, ou doit être institué pour l'avantage commun, pour la protection & la sûreté du Peuple, de la Nation ou de la Communauté. De toutes les diverses méthodes ou formes de Gouvernement, la meilleure est celle qui peut procurer au plus haut degré le bonheur & la sûreté, & qui est le plus réellement assurée contre le danger d'une mauvaise administration. Toutes les fois donc qu'un Gouvernement se trouvera insuffisant pour remplir ce but, ou qu'il lui sera contraire, la majorité de la Communauté a le droit indubitable, inaliénable & imprescriptible, de le réformer, de le changer ou de l'abolir, de la manière qu'elle jugera la plus propre à procurer l'avantage public.

IV. Aucun homme, ni aucun collège ou association d'hommes ne peuvent avoir d'autres titres pour obtenir des avantages ou des privilèges particuliers, exclusifs & distincts de ceux de la Communauté, que la considération de services rendus au Public ; & ce titre n'étant

1. Extrait d'un recueil rédigé par le duc de La Rochefoucault d'Enville, *Constitutions des treize États-Unis de l'Amérique*, Philadelphie, Paris, Pierres & Pissot, 4e éd., 1783.

ni transmissible aux descendants, ni héréditaire, l'idée d'un homme né Magistrat, Législateur ou Juge, est absurde & contre nature.

V. La Puissance législatrice, & la Puissance exécutrice de l'État doivent être distinctes & séparées de l'autorité judiciaire : & afin que, devant supporter eux-mêmes les charges du Peuple, & y participer, tout désir d'oppression puisse être réprimé dans les Membres des deux premières, ils doivent être, à des tems marqués, réduits à l'état privé. Rentrer dans le Corps de la Communauté d'où ils ont été tirés originairement ; & les places vacantes doivent être remplies par des élections fréquentes, certaines & régulières.

VI. Les élections des Membres qui doivent représenter le Peuple dans l'Assemblée, doivent être libres ; & tout homme donnant preuve suffisante d'un intérêt permanent & de l'attachement qui en est la suite, pour l'avantage général de la Communauté, y a droit de suffrages.

VII. Aucune partie de la propriété d'un homme ne peut lui être enlevée, ni appliquée aux usages publics, sans son propre consentement, ou celui de ses Représentants légitimes ; & le Peuple n'est lié que par les Loix qu'il a consenties de cette manière pour l'avantage commun.

VIII. Tout pouvoir de suspendre les Loix ou d'arrêter leur exécution, en vertu de quelque autorité que ce soit, sans le consentement des Représentants du Peuple, est une atteinte à leurs droits & ne doit point avoir lieu.

IX. Toutes loix ayant un effet rétroactif, & faites pour punir des délits commis avant qu'elles existassent, sont oppressives ; & il faut se garder d'en établir de semblables.

X. Dans tous les procès pour crimes capitaux ou autres, tout homme a le droit de demander la cause & la nature de l'accusation qui lui est intentée, d'être confronté à ses accusateurs & aux témoins, de produire & requérir la production de témoins & de tout ce qui est à sa décharge, d'exiger une procédure prompte par un Juré impartial de son voisinage, sans le consentement unanime duquel il ne puisse pas être déclaré coupable. Il ne peut être forcé à produire des preuves contre lui-même ; & aucun homme ne peut être privé de sa liberté, que par un Jugement de ses Pairs en vertu de la loi du Pays.

XI. Il ne doit point être exigé de cautionnements excessifs, ni imposé de trop fortes amendes ni infligé de peines cruelles ou inusitées.

XII. Tous *Warrants* sont vexatoires & oppressifs, s'ils sont décernés sans preuves suffisantes, & si l'ordre ou la réquisition qu'ils portent à aucun Officier ou Messager d'État, de faire des recherches dans des lieux suspects, d'arrêter une ou plusieurs personnes, ou de saisir leurs biens, ne contiennent pas une désignation & une description spéciales des lieux, des personnes ou des choses qui en font l'objet ; & jamais il ne doit en être accordé de semblables.

XIII. Dans les procès qui intéressent la propriété, & dans les affaires personnelles, l'ancienne procédure par Jurés est préférable à toute autre, & doit être regardée comme sacrée.

XIV. La liberté de la presse est un des plus forts boulevards de la liberté de l'État & ne peut être restreinte que dans les Gouvernemens despotiques.

XV. Une milice bien réglée, tirée du Corps du Peuple, & accoutumée aux armes, est la défense propre, naturelle & sûre d'un État libre ; les armées toujours sur pied en tems de paix doivent être évitées, comme dangereuses pour la liberté : & dans tous les cas le Militaire doit être tenu dans une subordination exacte à l'autorité civile & toujours gouverné par elle.

XVI. Le Peuple a droit à un Gouvernement uniforme ; ainsi il ne doit être légitimement élevé, ni établi aucun Gouvernement séparé, ni indépendant de celui de la Virginie dans les limites de cet État.

XVII. Un Peuple ne peut conserver un Gouvernement libre, & le bonheur de la liberté, que par une adhésion ferme & constante aux règles de la justice, de la modération, de la tempérance, de l'économie & de la vertu, & par un recours fréquent à ses principes fondamentaux.

XVIII. La Religion ou le Culte qui est dû au Créateur, & la manière de s'en acquitter, doivent être uniquement dirigés par la raison & par la conviction, & jamais par la force ni par la violence : d'où il suit que tout homme doit jouir de la plus entière liberté de conscience, & de la liberté la plus entière aussi dans la forme de culte que sa conscience lui dicte ; & qu'il ne doit être ni gêné, ni puni par le Magistrat, à moins que sous prétexte de Religion il ne troublât la paix, le bonheur ou la sûreté de la Société. C'est un devoir réciproque de tous les Citoyens de pratiquer la tolérance chrétienne, l'amour & la charité les uns envers les autres.

III. – Articles de Confédération du 15 novembre 1777[1]

À tous ceux à qui parviendront les présentes, nous soussignés, délégués des États auxquels sont attachés nos noms, adressons notre salut.

Les délégués des États-Unis d'Amérique, assemblés en Congrès, le quinzième jour de novembre de l'année mil sept cent soixante-dix-septième de Notre Seigneur, et deuxième de l'Indépendance de l'Amérique, s'étant mis d'accord sur certains articles de Confédération et d'Union perpétuelle entre les États du New Hampshire, du Massachusetts, de Rhode-Island et de la Providence, du Connecticut, de New Jersey, de la Pennsylvanie, du Delaware, du Maryland, de la Virginie, de la Caroline du Nord et de la Caroline du Sud, de la Géorgie, dans les termes suivants, conviennent :

ARTICLE PREMIER. – Les susdits États se confédèrent sous le titre des États-Unis d'Amérique.

ART. 2. – Chaque État conserve sa souveraineté, sa liberté et son indépendance, et aussi tous les pouvoirs, juridictions et droits qui ne sont pas expressément délégués aux États-Unis assemblés en Congrès par le présent Acte de Confédération.

ART. 3. – Lesdits États adhèrent, chacun en leur nom, par le présent acte, à une ferme ligue d'amitié mutuelle pour leur défense commune, pour le maintien de leurs libertés, et pour leur bien général et mutuel,

1. Ratifiés en 1781 par le nombre requis d'États.

s'obligeant à se secourir les uns les autres contre toutes violences dont on pourrait menacer tous ou chacun d'eux, et à repousser en commun toutes attaques qui pourraient être dirigées contre tous ou chacun d'eux, pour cause de religion, de souveraineté, de commerce, ou sous quelqu'autre prétexte que ce soit.

ART. 4. – Pour assurer et perpétuer le mieux possible l'amitié et les rapports mutuels parmi les peuples des divers États qui composent cette Union, les habitants libres de chacun de ces États, à l'exception des mendiants, des vagabonds et de ceux qui fuient les poursuites de la justice, auront droit à toutes les immunités et privilèges de citoyens libres dans les différents États ; et le peuple de chaque État pourra librement entrer dans chacun des autres États et en sortir, y jouira de tous les privilèges de trafic et de commerce, y sera soumis aux mêmes droits, impositions et restrictions que leurs habitants respectifs ; mais ces restrictions ne pourront pas s'étendre jusqu'à empêcher des biens importés dans un État d'être transportés dans un autre État dont le propriétaire desdits biens serait habitant ; et aucun État ne pourra non plus mettre des impositions, des droits, ni des restrictions, sur le commerce des biens appartenant aux États-Unis ou à quelqu'un d'eux.

Si quelque personne coupable ou accusée de trahison, de félonie ou d'autre attentat considérable, dans un des États, fuit la poursuite de la justice et est retrouvée dans quelque autre des États-Unis, elle sera, sur la demande du gouverneur, ou du pouvoir exécutif de l'État dont elle se sera évadée, livrée et ramenée audit État, dans la juridiction duquel elle devra être jugée.

Il sera pleinement ajouté foi et croyance dans chacun des États, aux registres, actes et procédures judiciaires des Cours et des magistrats de tous les autres États.

ART. 5. – Afin que les intérêts généraux des États-Unis soient dirigés et conduits le mieux et le plus convenablement que faire se pourra, il sera nommé annuellement en la manière que la législature de chacun des États l'ordonnera, des délégués qui s'assembleront en Congrès, le premier lundi du mois de novembre de chaque année avec pouvoir réservé à chacun des États de rappeler ses délégués ou quelques-uns d'entre eux, à quelque moment de l'année que ce soit, et d'en envoyer d'autres à leur place pour le reste de l'année.

Aucun État ne sera représenté en Congrès par moins de deux, ni par plus de sept membres : le même sujet ne pourra pas être délégué plus de trois années dans l'espace de six : et un délégué ne pourra remplir aucune fonction dépendant des États-Unis, pour laquelle lui, ni aucune autre personne pour lui, recevrait des appointements, des honoraires ou émoluments quelconques.

Chaque État pourvoira aux appointements de ses délégués pendant la session des États et pendant qu'ils seront membres de la Commission desdits États.

Chacun des États n'aura qu'un suffrage pour la décision des questions dans l'Assemblée des États-Unis en Congrès.

La liberté de parole et de débat dans le Congrès ne sera pas poursuivie comme crime contre l'État, et ne sera attaquée de quelque manière que ce soit, devant aucune Cour ou lieu quelconque hors du Congrès, et les membres du Congrès ne pourront pas être saisis personnellement, ni emprisonnés, au cours de leur trajet pour se rendre au Congrès, ou en revenir, ni pendant qu'ils y siégeront, excepté pour trahison ou atteinte à la paix politique.

ART. 6. – Aucun État en particulier ne pourra envoyer ni recevoir des ambassades, entamer des négociations, contracter des engagements, former des alliances, ni conclure des traités avec aucun roi, prince ou État quelconque sans le consentement des États-Unis assemblés en Congrès.

Aucune personne exerçant des fonctions quelconques sous l'autorité des États-Unis, soit qu'il y ait des appointements attachés à la fonction, soit que ce soit un poste de pure confiance, ne pourra accepter aucun présent, émolument, ni aucun office ou titre, de quelque nature qu'il soit, d'aucun roi, prince ou État étranger.

Les États-Unis assemblés en Congrès, ni aucun État en particulier, ne pourront conférer aucun titre de noblesse.

Deux ou plusieurs États ne pourront conclure entre eux aucun traité, confédération ou alliance quelconque, sans le consentement des États-Unis assemblés en congrès, et devront dans ce cas spécifier exactement les objets pour lesquels ce traité, cette confédération ou cette alliance seront conclus, et combien de temps ils devront durer.

Aucun État ne pourra établir des impôts ou droits qui puissent altérer les clauses des traités conclus par les États-Unis assemblés en Congrès, avec aucun roi, prince ou État, ni contre celle d'aucun traité déjà proposés par le Congrès aux Cours de France et d'Espagne.

Aucun État ne pourra entretenir, en temps de paix, que le nombre de bâtiments de guerre jugé nécessaire par les États-Unis assemblés en Congrès, pour sa défense et celle de son commerce ; et aucun État n'entretiendra non plus de troupes en temps de paix, que la quantité jugée suffisante par les États-Unis assemblés en Congrès pour fournir des garnisons aux forteresses nécessaires à sa défense ; mais chaque État entretiendra toujours une Milice bien ordonnée et disciplinée, suffisamment armée et équipée et tiendra toujours en réserve et prêt, dans ses magasins, une quantité suffisante de pièces d'artillerie de campagne, de tentes et une quantité proportionnée d'armes, de munitions et d'équipement de campagne.

Aucun État ne s'engagera dans une guerre sans le consentement des États-Unis assemblés en Congrès à moins d'une invasion véritable de quelque ennemi, ou d'avis certains qu'il pourrait avoir d'une résolution formée par quelque nation d'Indiens de l'attaquer, et dans le cas seulement où le péril serait trop imminent pour ne pas permettre de différer jusqu'à ce que les États-Unis assemblés en Congrès puissent être consultés.

Et aucun État ne pourra donner de commissions à des vaisseaux ou autres bâtiments de guerre, ni des lettres de marque ou de représailles, qu'après une déclaration de guerre des États-Unis assemblés en Congrès, et alors seulement contre le royaume ou l'État, et contre les sujets du royaume ou de l'État contre qui la guerre aura été déclarée, et en se conformant aux règles qui seront établies par les États-Unis assemblés en Congrès : dans le cas cependant où les côtes d'un État seraient infestées par les pirates, il pourra, mais dans ce cas seulement, armer des bâtiments de guerre et les entretenir aussi longtemps que le danger subsistera, ou jusqu'à ce que les États-Unis assemblés en Congrès en aient décidé autrement.

ART. 7. – Lorsqu'un des États lèvera des troupes de terre pour la défense commune, tous les officiers du grade de colonel et au-dessous seront nommés par la législature de l'État qui aura levé lesdites troupes, ou de la manière que ledit État ordonnera ; et toutes les vacances de ces emplois seront remplies par l'État qui aura fait la première nomination.

ART. 8. – Toutes les dépenses de la guerre et toutes celles qui se feront pour la défense commune ou l'intérêt général, et qui seront autorisées par les États-Unis assemblés en Congrès, seront couvertes par un trésor commun qui sera alimenté par les différents États, en proportion de la valeur de toutes les terres qui, dans chaque État, sont concédées à une personne en particulier ; et ces terres, ainsi que les bâtiments qui y auront été construits, ou autres améliorations qui y auront été faites, seront estimées de la manière que les États-Unis assemblés en Congrès l'ordonneront et le régleront dans la suite des temps. Les taxes pour payer cette contribution seront établies et levées sous l'autorité et par l'ordre des législatures des différents États, dans les délais fixés par les États-Unis assemblés en Congrès.

ART. 9. – Les États-Unis assemblés en Congrès auront seuls et exclusivement le droit et le pouvoir de décider de la paix et de la guerre, excepté dans les cas mentionnés au sixième article, d'envoyer des ambassadeurs et d'en recevoir, de conclure des traités et des alliances ; mais ils ne pourront conclure aucun traité de commerce qui empêche la puissance législative des États respectifs de mettre sur les étrangers tels impôts ou droits auxquels le peuple du pays sera sujet, ni de défendre l'exportation ou l'importation de telle espèce de marchandises ou de denrées que ce soit.

Les États-Unis assemblés en Congrès auront aussi seuls et exclusivement le droit et le pouvoir d'établir les règles d'après lesquelles on décidera dans tous les cas la légitimité des prises sur terre et sur mer, la manière dont les prises faites par les forces de terre ou de mer au service des États-Unis devront être partagées, et l'emploi qui en sera fait ; d'accorder des lettres de marque ou de représailles en temps de paix, d'instituer des tribunaux pour le jugement des pirateries et des félonies commises en haute mer, et d'établir aussi des Cours pour recevoir et juger en dernier ressort les appels dans tous les cas de prises ; mais aucun membre du Congrès ne pourra être nommé juge d'aucune desdites Cours.

Les États-Unis assemblés en Congrès jugeront aussi en dernier ressort tous les différends et querelles déjà existants, ou qui pourraient s'élever dans la suite, entre deux ou plusieurs États, concernant les frontières, la juridiction ou tout autre objet que ce soit ; et cette autorité sera toujours exercée de la manière suivante : toutes les fois que le pouvoir législatif ou exécutif, ou bien un agent régulier de quelqu'un des États en discussion avec un autre État présenteront en Congrès une pétition exposant la question et par laquelle on demandera à être entendu, il sera donné par ordre du Congrès communication de la pétition au pouvoir législatif ou exécutif de l'autre État, et il sera assigné un jour aux parties pour comparaître par leurs agents réguliers, à qui pour lors il sera ordonné de nommer d'un commun consentement des commissaires ou des juges pour former une Cour, à l'effet d'entendre et de juger la question ; mais si ces agents ne s'accordent pas pour faire ce choix, le Congrès nommera trois personnes de chacun des États-Unis ; chacune des parties alternativement, en commençant par la partie demanderesse, effacera un nom de cette liste, jusqu'à ce qu'elle soit réduite à treize sujets ; et sur ce nombre, on en tirera au sort en présence du Congrès, jamais moins de sept et jamais plus de neuf, selon que le Congrès l'ordonnera. Ceux dont les noms auront été ainsi tirés, ou cinq d'entre eux, seront commissaires ou juges pour entendre et juger définitivement le litige, du moins si la majorité des juges qui connaîtront du litige est d'accord sur le jugement à prononcer.

Si l'une ou l'autre partie négligeait de comparaître au jour assigné sans donner des raisons que le Congrès jugeât valables ou si, étant présente, elle refusait de prendre la liste des juges et d'y faire son choix, le Congrès procédera toujours à nommer trois personnes de chaque État ; le secrétaire du Congrès, au lieu et à la place de la partie absente ou qui refuse, effacera les noms et le jugement ou la sentence de la Cour nommée comme il a été dit ci-devant, seront définitifs. Si quelqu'une des parties refuse de se soumettre à l'autorité de cette Cour, ou de comparaître, ou de se défendre, ce nonobstant, la Cour procédera à prononcer la sentence ou le jugement, qui seront également définitifs ; le jugement ou la sentence et toute la procédure seront, dans tous les cas, transmis au Congrès et déposés parmi ses actes pour la sûreté des parties intéressées.

Mais tout commissaire, avant de prendre séance pour juger, prêtera entre les mains d'un des juges de la Cour suprême ou supérieure de l'État dans l'étendue duquel la cause devra être instruite, le serment d'entendre et juger la question avec impartialité, sincérité et attention, et selon ses lumières, sans faveur, affection, ni espoir de récompense.

Aucun État ne pourra non plus, en vertu d'un tel jugement, être privé d'aucune partie de son territoire au profit des États-Unis.

S'il survenait quelques contestations pour droit prétendu sur des terres par des particuliers, en vertu de concessions différentes données par deux ou plusieurs États dont les juridictions à l'égard de ces terres et des États qui auront accordé de telles concessions fussent réclamées comme ayant été faites avant la fixation de juridiction, sur la pétition présentée par l'une ou l'autre des parties au Congrès des États-Unis, ces contestations seront jugées, autant que faire se pourra, de la même manière ci-devant prescrite pour juger les litiges de juridiction territoriale entre les différents États.

Les États-Unis assemblés en Congrès auront aussi seuls et exclusivement le droit et le pouvoir de fixer le titre et la valeur des monnaies frappées sous leur autorité ou sous celles des États respectifs ; de déterminer les étalons des poids et mesures dans toute l'étendue des États-Unis ; de régler le commerce et de diriger toute espèce d'affaires avec les Indiens qui ne seront membres d'aucun des États, pourvu que le droit législatif de chacun des États, dans ses propres limites, n'en éprouve aucune violation, ni infraction ; d'établir et de régler les postes d'un État à un autre, dans toute l'étendue des États-Unis ; et de percevoir sur les lettres ou papiers circulant par cette voie, une taxe suffisante pour fournir aux frais de ce service ; de nommer tous les officiers des armées de terre au service des États-Unis, excepté les officiers des régiments ; de nommer tous les officiers des forces navales et de donner les commissions à tous les officiers quelconques au service des États-Unis ; de faire des règlements pour l'administration et la discipline desdites forces de terre et de mer, et de diriger et ordonner leurs opérations.

Les États-Unis assemblés en Congrès auront le pouvoir de nommer une Commission qui siégera pendant les vacances du Congrès, s'intitulera Commission des États, et sera composée d'un délégué de chaque État ; et de nommer telles autres Commissions et officiers civils qu'ils jugeront nécessaires pour conduire les affaires générales des États-Unis sous leurs ordres ; de nommer un de leurs membres pour présider, pourvu que personne ne puisse remplir la charge de Président plus d'un an dans l'espace de trois années ; de déterminer les sommes d'argent qui devront être levées pour le service des États-Unis ; d'ordonner la destination de ces sommes et de les affecter au paiement des dépenses publiques ; d'emprunter de l'argent, ou de mettre en circulation des billets de crédit sur les États-Unis, en envoyant tous les six mois aux États respectifs un compte des sommes d'argent ainsi empruntées ou mises en circulation par billets ; de faire construire et armer des vaisseaux ; de déterminer les effectifs des armées de terre que chaque État devra entretenir, et de faire en conséquence à chaque État la réquisition pour fournir son contingent, le tout à proportion du nombre des habitants blancs de chaque État ; ces réquisitions seront obligatoires, et, sur leur vu, la législature de chacun des États nommera les officiers du régiment, lèvera les hommes, les habillera, armera et équipera comme des soldats doivent l'être aux frais des États-Unis ; les officiers et soldats ainsi armés, habillés et équipés, marcheront au lieu désigné, et dans les détails fixés par les États-Unis assemblés en Congrès ; mais si les États-Unis assemblés en Congrès jugent à propos, en considération de certaines circonstances, que quelqu'un des États ne lève point d'hommes, ou en lève moins que son contingent, et qu'un autre État en lève plus que le sien, le nombre excédent sera levé pourvu d'officiers, habillé, armé et équipé de la même manière que le contingent de cet État, à moins que la législature ne juge qu'un tel excédent ne peut pas être fourni avec sûreté par lui ; auquel cas elle lèvera, pourvoira d'officiers, armera, habillera et équipera seulement la portion de cet excédent qu'elle jugera pouvoir fournir sans exposer la sûreté dudit État, et les officiers et soldats ainsi armés, habillés et équipés marcheront au lieu désigné dans les délais fixés par les États-Unis assemblés en Congrès.

Les États-Unis assemblés en Congrès ne s'engageront jamais dans aucune guerre, ne donneront point de lettres de marque ou de représailles en temps de paix, ne concluront aucun traité ou alliance ; ne feront point frapper de monnaie et n'en fixeront point la valeur ; ils ne détermineront point les sommes et les dépenses nécessaires pour la défense et le bien des États-Unis, ou d'aucuns d'entre eux ; ils ne mettront point de billets en circulation, n'emprunteront point d'argent sur le crédit des États-Unis, ne donneront pas d'autorisations budgétaires, ne statueront point sur le nombre de bâtiments de guerre à construire ou à acheter, ni sur les effectifs des troupes de terre ou de mer à lever ; enfin, ils ne nommeront point de général en chef de terre ou de mer, sauf consentement de neuf des États ; et aucune autre question de quelque nature qu'elle soit, excepté les ajournements, ne sera décidée que par les suffrages de la majorité des États-Unis assemblés en Congrès.

Les États-Unis assemblés en Congrès pourront s'ajourner à l'époque qu'ils voudront dans l'année et au lieu qu'ils jugeront à propos sur le territoire des États-Unis, pourvu que l'ajournement ne soit jamais d'une durée plus longue que six mois ; et ils publieront mois par mois le procès-verbal de leurs actes et délibérations, à l'exception des parties relatives aux traités, aux alliances, ou aux opérations militaires qu'ils jugeront devoir tenir secrètes ; les votes pour ou contre des délégués de chaque État, sur quelques questions que ce soit, ne seront mentionnés dans le procès-verbal que lorsque quelque délégué le requerra, et il sera délivré aux délégués d'un des États, ou à quelqu'un de ces délégués en particulier, sur leur réquisition, une copie dudit procès-verbal, à l'exception des parties ci-dessus exceptées, pour être présentée aux législatures des différents États.

ART. 10. – La Commission des États, ou neuf de ses membres, sera autorisée, pendant les vacances du Congrès, à exercer tels de ses pouvoirs que les États-Unis assemblés en Congrès jugeront à propos, du consentement de neuf des États, de leur confier ; mais il ne sera délégué à la Commission aucun pouvoir, pour l'exercice duquel la voix de neuf États soit exigée dans les États-Unis assemblés en Congrès par les articles de la Confédération.

ART. 11. – Le Canada, sur sa simple accession à cette Confédération, et sa jonction aux membres des États-Unis, sera admis dans cette Union, et rendu participant de tous ses avantages ; mais il n'y sera admis aucune autre colonie, à moins que cette admission ne soit consentie par neuf des États.

ART. 12. – Tous les billets en circulation, tout l'argent emprunté, et toutes les dettes contractées par et sous l'autorité du Congrès, avant l'Assemblée des États-Unis, en vertu de la présente Confédération, seront réputés et considérés comme une charge desdits États pour le paiement et l'acquittement de laquelle lesdits États engagent solennellement la foi publique par le présent Acte.

ART. 13. – Chaque État se soumet aux décisions des États-Unis assemblés en Congrès sur toutes les questions dont la connaissance leur est dévolue par la présente Confédération. Les articles de la présente Confédération seront inviolablement observés par tous et chacun des États ; l'Union sera perpétuelle, et il ne pourra être fait dans la suite aucun changement à aucun de ces articles, à moins que ce changement ne soit consenti dans un Congrès des États-Unis et confirmé ensuite par les législatures de chacun des États.

Et attendu qu'il a plu au Souverain Maître de l'Univers de déterminer les législatures que nous représentons respectivement en Congrès, à approuver et à nous donner pouvoir de ratifier les susdits articles de Confédération et d'Union perpétuelles, sachez que nous, délégués soussignés, en vertu de l'autorité et des pouvoirs à nous donnés à cet effet, nous ratifions et confirmons pleinement et entièrement par les présentes, au nom et au profit de nos constituants respectifs, tous et chacun des susdits articles de Confédération et d'Union perpétuelles, et toutes et chacune des matières et choses y contenues.

Et de plus, nous obligeons et engageons solennellement la foi de nos constituants respectifs, qu'ils se soumettront aux décisions des États-Unis assemblés en Congrès sur toutes les questions dont la connaissance leur est dévolue par le présent Acte de Confédération, que tous les articles en seront inviolablement observés, et que l'Union sera perpétuelle.

IV. – Constitution du 17 septembre 1787[1]

Nous, le peuple des États-Unis, afin de former une union plus parfaite, d'établir la justice, d'assurer la tranquillité intérieure, de pourvoir à la défense commune, de développer le bien-être général et d'assurer à nous-mêmes et à notre postérité les bienfaits de la liberté, ordonnons et établissons la présente Constitution pour les États-Unis d'Amérique[2].

ARTICLE PREMIER **[Département législatif]**[3]

SECTION 1 **[Congrès].** – Tous les pouvoirs législatifs accordés par la présente constitution seront attribués à un Congrès des États-Unis, qui se composera d'un Sénat et d'une Chambre des représentants.

SECTION 2 **[Chambre des représentants].** – *(1)* La Chambre des représentants sera composée de membres choisis tous les deux ans par le peuple des divers États, et les électeurs dans chaque État devront posséder les qualifications requises des électeurs de la branche la plus nombreuse

1. Texte traduit par S. Rials, pour la 1re éd., et entièrement révisé pour la 9e, avec un souci de précision plus que d'élégance. Le système américain de majuscules n'est pas respecté ici, comme cela est d'ailleurs traditionnel, du fait de son caractère déconcertant. Pour gagner de la place, les alinéas ne sont indiqués que par leur numéro : – *(1)*, – *(2)*, etc. On trouvera entre crochets des titres de nous indiquant le sens général des dispositions.

2. Figureront en italiques et entre crochets les passages modifiés ou affectés par des amendements.

3. Les titres entre crochets sont ajoutés.

de la législature de l'État[1]. – *(2)* Nul ne pourra être représentant s'il n'a atteint l'âge de vingt-cinq ans, s'il n'est depuis sept ans citoyen des États-Unis, et s'il ne réside, au moment de son élection, dans l'État où il est désigné. – *(3) [Les représentants et les impôts directs seront répartis entre les divers États qui pourront être compris dans l'Union, proportionnellement à leur population, laquelle sera déterminée en ajoutant au nombre total des personnes libres, y compris celles liées à un service pour un nombre donné d'années et à l'exclusion des Indiens non soumis à l'impôt, les trois cinquièmes de toutes les autres personnes]*[2]. Le recensement sera fait dans les trois ans qui suivront la première réunion du Congrès des États-Unis, et tous les dix ans par la suite, de la manière qui sera prescrite par la loi. Le nombre des représentants n'excédera pas un pour 30 000 habitants, mais chaque État aura au moins un représentant ; et jusqu'à ce que le premier recensement soit effectué, l'État du New Hampshire aura le droit d'en élire trois, le Massachusetts huit, le Rhode Island et les Plantations de Providence un, le Connecticut cinq, l'État de New York six, le New Jersey quatre, la Pennsylvanie huit, le Delaware un, le Maryland six, la Virginie dix, la Caroline du Nord cinq, la Caroline du Sud cinq et la Géorgie trois. – *(4)* Quand des vacances surviendront dans la représentation de l'un quelconque des États, l'autorité exécutive de celui-ci émettra des *writs*[3] d'élection pour y pourvoir. – *(5)* La Chambre des représentants désignera son président *[speaker]* et ses autres agents ; et elle aura le pouvoir exclusif de mise en accusation devant le Sénat *[power of impeachment]*.

SECTION 3 **[Sénat].** – *(1)* Le Sénat des États-Unis sera composé de deux sénateurs de chaque État, choisis pour six ans *[par la législature de chacun]*[4] ; et chaque sénateur aura une voix. – *(2)* Immédiatement après qu'ils seront assemblés par suite de leur première élection, les sénateurs seront partagés, aussi également que possible, en trois classes. Les sièges des sénateurs de la première classe seront vacants à l'expiration de la seconde année, ceux de la seconde classe à l'expiration de la quatrième année et ceux de la troisième classe à l'expiration de la sixième année, de telle sorte qu'un tiers soit pourvu tous les deux ans ; *[et si des vacances se produisent par démission ou autrement, dans l'intervalle des sessions de la législature de l'État intéressé, l'exécutif de cet État pourra procéder à des nominations provisoires jusqu'à la réunion suivante de la législature, qui pourvoira alors à ces vacances]*[5]. – *(3)* Nul ne pourra être sénateur s'il n'a atteint l'âge de trente ans, s'il n'est depuis neuf ans citoyen des États-Unis, et s'il ne réside, au moment de son élection, dans l'État pour lequel il est désigné. – *(4)* Le Vice-président des

1. Voir les 15e, 19e et 24e amendements.
2. Voir les 14e et 16e amendements.
3. Ordonnance déterminant les conditions générales d'une élection et portant convocation des électeurs.
4. Voir le 17e amendement.
5. *Ibid.*

États-Unis sera président du Sénat, mais n'aura pas de droit de vote, à moins d'égal partage des voix. – *(5)* Le Sénat désignera ses autres agents, ainsi qu'un président *pro tempore* pour remplacer le Vice-président en l'absence de celui-ci ou quand il exercera les fonctions de Président des États-Unis. – *(6)* Le Sénat aura le pouvoir exclusif de juger toutes les mises en accusation *[all impeachments]*. Quand il siégera à cet effet, ses membres prêteront serment ou feront une déclaration solennelle. Quand le Président des États-Unis est jugé, le président de la Cour suprême *(Chief Justice)* présidera. Et nul ne sera déclaré coupable sans l'accord des deux tiers des membres présents. – *(7)* La sentence dans les affaires d'*impeachment* ne pourra excéder la destitution et l'incapacité de tenir et de bénéficier de toute fonction honorifique, de confiance ou rémunérée relevant des États-Unis. Toutefois, la partie déclarée coupable n'en sera pas moins responsable et sujette à accusation, procès, jugement et punition, conformément à la loi.

SECTION 4 **[Élection des membres du Congrès et sessions].** – *(1)* Les époques, lieux et mode d'élection des sénateurs et des représentants seront fixés, dans chaque État, par la législature ; mais le Congrès pourra, à tout moment, par une loi, instituer ou modifier de tels règlements, sauf en ce qui concerne le lieu de désignation des sénateurs. – *(2) Le Congrès s'assemblera au moins une fois l'an, [et cette réunion aura lieu le premier lundi de décembre, à moins que, par une loi, il ne fixe un jour différent]*[1].

SECTION 5 **[Pouvoirs et obligations des chambres].** – *(1)* Chaque chambre sera juge des élections, des résultats obtenus par ses membres et de leurs qualifications, et la majorité constituera dans chacune un quorum suffisant pour délibérer ; mais un nombre inférieur pourra s'ajourner d'un jour à l'autre et être autorisé à contraindre à la présence les membres absents, de telle manière et sous telles pénalités que chaque chambre pourra déterminer. – *(2)* Chaque chambre pourra établir son règlement *[Rules of its proceedings]*, punir ses membres pour conduite contraire au bon ordre et, à la majorité des deux tiers, prononcer l'expulsion de l'un d'entre eux. – *(3)* Chaque chambre tiendra un procès-verbal *[Journal of its proceedings]* et le publiera périodiquement, à l'exception des parties qui pourraient à son sens requérir le secret ; et les « oui » et les « non » des membres de chaque chambre sur toute question seront consignés au procès-verbal sur la demande d'un cinquième des membres présents. – *(4)* Pendant la session du Congrès, aucune des deux chambres ne pourra, sans le consentement de l'autre, s'ajourner à plus de trois jours, ni se transporter dans un autre lieu que celui où siégeront les deux chambres.

SECTION 6 **[Indemnité, immunités et incompatibilités].** – *(1)* Les sénateurs et représentants recevront pour leurs services une indemnité

1. Voir le 20e amendement.

qui sera fixée par la loi et payée par le Trésor des États-Unis. Ils jouiront du privilège de ne pouvoir dans aucune affaire, sauf pour trahison, crime et violation de la paix publique, être mis en état d'arrestation pendant leur présence à la session de leurs chambres respectives, ni pendant qu'ils s'y rendent ou qu'ils en reviennent ; et, pour tout discours ou débat dans l'une ou l'autre chambre, ils ne pourront être interrogés dans aucun autre lieu. – *(2)* Aucun sénateur ou représentant ne pourra, pendant la durée de son mandat, être nommé à une fonction civile relevant des États-Unis, qui aurait été créée ou dont le traitement aura été augmenté durant cette période ; et aucune personne exerçant une fonction relevant des États-Unis ne pourra devenir membre de l'une ou l'autre des chambres, tant qu'elle continuera à remplir cette fonction.

SECTION 7 **[Procédure législative et veto].** – *(1)* Toutes propositions de lois *(Bills)* concernant la levée d'un impôt devront émaner de la Chambre des représentants ; mais le Sénat pourra proposer ou consentir des amendements, comme pour les autres propositions de loi. – *(2)* Chaque proposition de loi adoptée par la Chambre des représentants et par le Sénat devra, avant d'acquérir force de loi *[become a Law]*, être présentée au Président des États-Unis ; si celui-ci l'approuve, il la signera ; sinon, il la renverra, avec ses objections, à la chambre dont elle émane, laquelle consignera lesdites objections intégralement dans son procès-verbal et procédera à un nouvel examen de la proposition. Si, après ce nouvel examen, les deux tiers des membres de cette chambre s'accordent pour faire passer la proposition de loi, elle sera transmise, avec les objections l'accompagnant, à l'autre chambre, qui l'examinera de la même manière à nouveau, et si les deux tiers des membres de celle-ci l'approuvent elle aura force de loi. Mais en pareil cas, les votes des deux chambres seront comptés par « oui » et par « non », et les noms des membres votant pour et contre la proposition seront consignés au procès-verbal de chaque chambre respectivement. Si une proposition quelconque n'était pas renvoyée par le Président dans les dix jours (dimanches non compris) après qu'elle lui eut été présentée, elle deviendrait loi, comme si le Président l'avait signée, à moins que le Congrès, par son ajournement, n'en empêche le renvoi, auquel cas la proposition n'aurait pas force de loi. – *(3)* Chaque ordre, résolution ou vote pour lequel le concours du Sénat et de la Chambre des représentants peut être nécessaire (sauf en matière d'ajournement) devra être présenté au Président des États-Unis ; et avant de devenir exécutoire, il devra être approuvé par lui, ou, s'il le désapprouve, être voté à nouveau par les deux tiers du Sénat et de la Chambre des représentants suivant les règles et les limitations prescrites pour les propositions de loi.

SECTION 8 **[Pouvoirs du Congrès].** – [1] Le Congrès aura le pouvoir : D'asseoir et percevoir des taxes, droits [de douane], impôts et excises [impôts indirects], de payer les dettes et pourvoir à la défense commune et au bien-être général *[general Welfare]* des États-Unis ; mais tous droits, impôts et excises seront uniformes dans toute l'étendue des États-Unis ; [2] De faire des emprunts sur le crédit des États-Unis ; [3] De réglementer le commerce avec les nations étrangères, entre les divers États, et avec les tribus indiennes ; [4] D'établir une règle uniforme de naturalisation et des lois uniformes en matière de faillites dans toute l'étendue des États-Unis ; [5] De battre monnaie, de déterminer sa valeur et celle de la monnaie étrangère, et de fixer l'étalon des poids et mesures ; [6] D'assurer la répression de la contrefaçon des titres et de la monnaie courante des États-Unis ; [7] D'établir des bureaux de poste et des routes de poste ; [8] De promouvoir le progrès de la science et des arts utiles, en assurant pour un temps limité, aux auteurs et inventeurs, un droit exclusif sur leurs écrits et découvertes respectifs ; [9] De constituer des tribunaux subordonnés à la Cour suprême ; [10] De définir et punir les actes de piraterie et les crimes commis en haute mer et les infractions au droit des gens ; [11] De déclarer la guerre, d'accorder des lettres de marque et de représailles, et d'établir des règles concernant les prises sur terre et sur mer ; [12] De lever et d'entretenir des armées, mais aucune affectation de crédits à cet usage ne se fera pour une durée supérieure à deux ans ; [13] De créer et d'entretenir une marine de guerre ; [14] D'édicter des règles pour le commandement et la discipline des forces de terre et de mer ; [15] De pourvoir à la convocation de la milice pour exécuter les lois de l'Union, réprimer les insurrections et repousser les invasions ; [16] De pourvoir à l'organisation, à l'armement et à la discipline de la milice, et à la direction de telle partie de celle-ci qui pourrait être employée au service des États-Unis, en réservant aux États respectivement la nomination des officiers et l'autorité nécessaire pour instruire la milice selon la discipline prescrite par le Congrès ; [17] D'exercer la législation exclusive, en toutes matières, sur tel district (n'excédant pas cent miles carrés) qui, par cession de certains États et sur acceptation du Congrès, pourra devenir le siège du gouvernement des États-Unis, et d'exercer semblable autorité sur tous lieux acquis, du consentement de la législature de l'État dans lequel ils seront situés, pour l'érection de forts, magasins, arsenaux, chantiers navals et autres bâtiments utiles ; et [18] De faire toutes lois qui seront nécessaires et convenables *[necessary and proper]* pour mettre à exécution les pouvoirs ci-dessus énumérés et tous autres pouvoirs conférés par la présente Constitution au gouvernement des États-Unis ou à l'un quelconque de ses départements ou de ses agents.

SECTION 9 **[Limitation aux pouvoirs des États-Unis].** – *(1) [L'immigration ou l'importation de telles personnes que l'un quelconque des États actuellement existants jugera convenable d'admettre ne pourra être interdite par le Congrès avant l'année mil huit cent huit, mais un impôt ou droit n'excédant pas dix dollars par tête pourra être levé sur cette importation]*[1]. – *(2)* Le privilège de l'ordonnance d'*Habeas Corpus* ne pourra être suspendu sauf si, en cas de rébellion ou d'invasion,

1. Voir le 13e amendement.

la sécurité publique l'exige. – *(3)* Aucune loi portant condamnation sans jugement *[Bill of attainder]* ou effet rétroactif *[ex post facto Law]* ne sera adoptée. – *(4)* *[Aucune capitation ni autre impôt direct ne sera levé, si ce n'est en proportion du recensement ou dénombrement ci-avant prévu]*[1]. – *(5)* Aucune taxe ou droit ne sera levé sur les articles exportés d'un quelconque État. – *(6)* Aucune préférence ne sera accordée par une réglementation commerciale ou fiscale aux ports d'un État sur ceux d'un autre ; et aucun navire à destination ou en provenance d'un État ne sera obligé de se faire enregistrer, de passer en douane ou de payer des droits dans un autre. – *(7)* Aucun argent ne sera prélevé sur le Trésor, si ce n'est en vertu de crédits ouverts par la loi ; et un état et un compte réguliers de toutes les recettes et dépenses de deniers publics seront publiés périodiquement. – *(8)* Aucun titre de noblesse ne sera conféré par les États-Unis, et aucune personne qui tiendra d'eux une fonction rémunérée ou de confiance ne pourra, sans le consentement du Congrès, accepter quelque présent, émolument, fonction ou titre que ce soit de quelque roi, prince ou État étranger que ce soit.

SECTION 10 **[Pouvoirs refusés aux États].** – *(1)* Aucun État ne pourra entrer dans un traité, une alliance ou une confédération ; délivrer des lettres de marque et de représailles ; battre monnaie ; émettre du papier-monnaie ; donner cours légal, pour le paiement des dettes, à autre chose que la monnaie d'or ou d'argent ; faire de loi portant condamnation sans jugement *[Bill of attainder]*, de loi rétroactive ou de loi portant atteinte aux obligations contractuelles, ni conférer de titres de noblesse. – *(2)* Aucun État ne pourra, sans le consentement du Congrès, lever d'impôts ou de droits sur les importations ou les exportations, à l'exception de ce qui pourrait être absolument nécessaire pour l'exécution de ses lois de contrôle aux frontières ; et le produit net de tous droits et impôts levés par un État sur les importations ou les exportations sera mis à la disposition du Trésor des États-Unis ; et toutes lois de cette sorte seront soumises à la révision et au contrôle du Congrès. – *(3)* Aucun État ne pourra, sans le consentement du Congrès, lever de droit de tonnage, entretenir des troupes ou des navires de guerre en temps de paix, conclure d'accords ou de pacte avec un autre État ou une puissance étrangère, ni entrer en guerre, à moins d'être effectivement envahi ou en danger assez imminent pour ne pas souffrir le moindre délai.

ART. II **[Département exécutif]**

SECTION 1 **[Nomination du Président].** – *(1)* Le pouvoir exécutif sera confié à un Président des États-Unis d'Amérique. Il occupera ses fonctions pendant un mandat de quatre ans et, conjointement avec le Vice-président, dont le mandat sera de même durée, sera élu de la manière suivante : – *(2)* Chaque État désignera, de la manière décidée par sa législature, un nombre d'électeurs égal au nombre total de

1. Voir le 14e amendement.

sénateurs et de représentants auquel il a droit au Congrès ; mais aucun sénateur ou représentant, ni aucune personne tenant des États-Unis une fonction de confiance ou rémunérée ne pourra être désigné comme électeur. – *(3) [Les électeurs se réuniront dans leurs États respectifs et voteront par scrutin pour deux personnes, dont l'une au moins ne devra pas habiter le même État qu'eux. Ils feront une liste de toutes les personnes ayant recueilli des voix et du nombre de voix réunies par chacune ; laquelle liste ils signeront, certifieront et transmettront, scellée, au siège du gouvernement des États-Unis, à l'adresse du président du Sénat. Ce dernier, en présence du Sénat et de la Chambre des représentants, ouvrira toutes les listes certifiées, et les votes seront alors comptés. La personne ayant le plus grand nombre de voix sera le Président, si ce nombre représente la majorité du nombre total des électeurs désignés ; et si plusieurs personnes ont obtenu cette majorité et ont un nombre égal de voix, la Chambre des représentants, par un scrutin, désignera immédiatement l'une d'entre elles comme Président ; et si aucune n'a obtenu la majorité, la chambre susdite désignera alors le Président, de la même manière, parmi les cinq personnes de la liste les mieux placées. Mais, pour le choix du Président, les votes seront comptés par État, la représentation de chaque État ayant une voix ; le quorum nécessaire à cette fin sera constitué par un ou plusieurs représentants des deux tiers des États, et la majorité de tous les États sera nécessaire pour un choix. En tout cas, après le choix du Président, la personne ayant le plus grand nombre de suffrages des électeurs sera le Vice-président. Mais s'il restait deux ou plusieurs personnes ayant le même nombre de voix, le Sénat désignerait le Vice-président parmi elles au scrutin]*[1]. – *(4)* Le Congrès pourra fixer l'époque où les électeurs seront choisis et le jour où ils devront voter ; lequel jour sera le même dans toute l'étendue des États-Unis. – *(5)* Nul ne sera éligible aux fonctions de Président s'il n'est citoyen de naissance, ou citoyen des États-Unis au moment de l'adoption de la présente Constitution, s'il n'a trente-cinq ans révolus et n'est résident aux États-Unis depuis quatorze ans. – *(6)* En cas de destitution, de mort, de démission ou d'incapacité du Président à s'acquitter des pouvoirs et devoirs de sa charge, ceux-ci seront dévolus au Vice-président. *[Et le Congrès pourra, par une loi, pourvoir en cas de destitution, de mort, de démission ou d'incapacité à la fois du Président et du Vice-président en désignant l'agent qui fera alors fonction de Président, lequel agent remplira ladite fonction jusqu'à cessation de l'incapacité ou élection d'un Président]*[2]. – *(7)* Le Président recevra, à échéances fixes, pour ses services, une indemnité qui ne sera ni augmentée ni diminuée pendant son mandat, et il ne recevra, pendant cette période, aucun autre émolument des États-Unis ou de l'un des États. – *(8)* Avant d'entrer en fonctions, il prêtera le serment ou prononcera la déclaration solennelle qui suit : « Je jure (ou déclare) solennellement que je remplirai fidèlement

1. Voir le 12e amendement.
2. Voir les 20e et 25e amendements.

les fonctions de Président des États-Unis et que, dans toute la mesure de mes moyens, je sauvegarderai, protégerai et défendrai la Constitution des États-Unis. »

SECTION 2 **[Pouvoirs du Président].** – *(1)* Le Président sera commandant en chef de l'armée et de la marine des États-Unis, et de la milice des divers États quand celle-ci sera appelée au service actif des États-Unis ; il pourra requérir l'opinion, par écrit, du principal agent de chacun des départements exécutifs, sur tout sujet relatif aux responsabilités de ses services, et il aura le pouvoir d'accorder des sursis, des remises de peine et des grâces pour délits *[offences]* contre les États-Unis, sauf dans les affaires d'*impeachment*[1]. – *(2)* Il aura le pouvoir, sur l'avis conforme *[with the Advice and Consent]* du Sénat, de conclure des traités, pourvu que deux tiers des sénateurs présents donnent leur accord ; et il présentera au Sénat et, sur l'avis conforme de ce dernier, nommera les ambassadeurs, les autres ministres publics et les consuls, les juges de la Cour suprême, et tous les autres agents des États-Unis dont la nomination n'est pas autrement prévue par la présente Constitution, et qui seront établis par la loi ; mais le Congrès peut, s'il le juge opportun, investir par une loi le Président seul, les cours de justice ou les chefs de départements, de la nomination de tels agents inférieurs. – *(3)* Le Président aura le pouvoir de pourvoir à toutes vacances qui viendraient à se produire dans l'intervalle des sessions du Sénat en accordant des commissions qui expireront à la fin de la session suivante.

SECTION 3 **[Obligations et pouvoirs du Président].** – Il informera périodiquement le Congrès de l'état de l'Union, et recommandera à sa réflexion telles mesures qu'il estimera nécessaires et opportunes ; il pourra, dans des circonstances extraordinaires, convoquer les deux chambres ou l'une d'elles et, en cas de désaccord entre elles en ce qui concerne le moment de leur ajournement, il pourra les ajourner à tel moment qu'il juge convenable ; il recevra les ambassadeurs et autres ministres ; il veillera à ce que les lois soient fidèlement exécutées, et commissionnera tous les agents des États-Unis.

SECTION 4 ***[Impeachment].*** – Le Président, le Vice-président et tous les agents civils des États-Unis seront destitués de leurs fonctions sur mise en accusation *[impeachment]* et condamnation pour trahison, corruption ou autres hauts crimes et délits *[Treason, Bribery, or other high Crimes and Misdemeanors]*.

ART. III [Département judiciaire]

SECTION 1. – Le pouvoir judiciaire des États-Unis sera dévolu à une Cour suprême et à telles cours inférieures que le Congrès pourra, le

1. Les expressions « sursis », « remises de peine » et « grâces » visent à rendre la formule *« Reprieves and pardons »*.

cas échéant[1], ordonner et établir. Les juges de la Cour suprême et des cours inférieures conserveront leurs charges tant qu'ils auront une bonne conduite *[during good Behaviour]*[2] et recevront, à échéances fixes, une indemnité pour leurs services qui ne sera pas diminuée tant qu'ils resteront en fonction.

SECTION 2. – *(1)* Le pouvoir judiciaire s'étendra à toutes les affaires, en droit *[Law]* et en équité *[Equity]*, survenues sous l'empire de la présente constitution, des lois des États-Unis, des traités conclus, ou qui seraient conclus, sous leur autorité ; à toutes les affaires concernant les ambassadeurs, les autres ministres publics et les consuls ; à toutes les affaires d'amirauté et de juridiction maritime ; aux différends dans lesquels les États-Unis seront partie ; aux différends entre deux ou plusieurs États ; *[entre un État et les citoyens d'un autre État]*[3] ; entre citoyens de différents États ; entre citoyens d'un même État réclamant des terres en vertu de concessions d'autres États et *[entre un État ou ses citoyens et des États, citoyens ou sujets étrangers]*[4]. – *(2)* Dans toutes les affaires concernant les ambassadeurs, les autres ministres publics et les consuls, et celles dans lesquelles un État sera partie, la Cour suprême aura la juridiction du premier degré. Dans toutes les autres affaires susmentionnées, elle aura juridiction d'appel, à la fois pour le droit et pour le fait, avec telles exceptions et sous telles règles que le Congrès aura établies. – *(3)* Le jugement de tous les crimes, sauf dans les affaires d'*impeachment*, sera effectué par un jury[5] ; et ce jugement aura lieu dans l'État où lesdits crimes auront été commis ; mais quand ils n'auront été commis dans aucun État particulier, le jugement aura lieu à tel endroit ou tels endroits que le Congrès pourra avoir déterminés par une loi.

SECTION 3. – La trahison envers les États-Unis ne consistera que dans l'acte de s'armer contre eux, ou celui de s'allier à leurs ennemis en leur donnant aide et facilités. Nul ne sera convaincu de trahison, à moins de la déposition de deux témoins sur le même acte patent, ou de son propre aveu en audience publique. – *(2)* Le Congrès aura le pouvoir de fixer la peine de la trahison, mais aucune condamnation de ce chef ne pourra frapper la postérité du coupable *[work corruption of blood]*, ni emporter confiscation de biens *[forfeiture]*, sauf pendant la vie du condamné.

1. Le texte original dit ici : *from time to time.* Cette expression qui veut dire, dans la conversation courante, « de temps en temps », est généralement traduite, dans les textes français authentiques équivalents (traités notamment) par « périodiquement », qui renvoie à une chronologie moins capricieuse... Nous avons toujours procédé de même mais, ici, nous préférons faire exception et traduire « le cas échéant ».
2. C'est une façon de dire qu'ils sont inamovibles.
3. Voir le 11e amendement.
4. *Ibid.*
5. Il faut comprendre que *les faits seront établis* par un jury. Par ailleurs, le mot *« crime »* rend ici les termes « crime » et « délit ».

ART. IV [Relations des États entre eux et avec l'Union]

SECTION 1. – Pleine foi et crédit seront donnés, dans chaque État, aux actes publics, procès-verbaux et procédures judiciaires de tout autre État. Et le Congrès pourra, par des lois générales, prescrire la manière suivant laquelle de tels actes, procès-verbaux et procédures seront prouvés, ainsi que leurs effets[1].

SECTION 2. – *(1)* Les citoyens de chaque État auront droit à tous les privilèges et immunités des citoyens dans les divers États[2]. – *(2)* Toute personne accusée dans un État de trahison, félonie ou autre crime, qui fuira la justice et sera trouvée dans un autre État, devra, sur la demande de l'autorité exécutive de l'État d'où elle a fui, être livrée pour être ramenée dans l'État ayant juridiction sur le crime. – *(3) [Aucune personne tenue au service ou au travail dans un État en vertu des lois de ce dernier, s'échappant dans un autre, ne sera, en conséquence d'aucune loi ou réglementation de ce dernier, libérée de ce service ou travail, mais elle sera livrée sur la demande de la partie à laquelle ce service ou travail peut être dû]*[3].

SECTION 3. – *(1)* De nouveaux États peuvent être admis par le Congrès dans l'Union ; mais aucun nouvel État ne sera formé ou érigé dans la juridiction d'un autre État ; et aucun État ne sera formé par la réunion de deux ou plusieurs États, ou parties d'États, sans le consentement des législatures des États intéressés, aussi bien que du Congrès. – *(2)* Le Congrès aura le pouvoir de disposer du territoire ou de toute autre propriété appartenant aux États-Unis, et de faire à ce sujet toutes lois et tous règlements nécessaires ; et rien dans la présente constitution ne sera interprété de manière à préjudicier aux prétentions des États-Unis ou d'un État particulier.

SECTION 4. – Les États-Unis garantiront à chaque État de l'Union une forme républicaine de gouvernement, et protégeront chacun d'eux contre l'invasion ; et, sur la demande de la législature ou de l'exécutif (quand la législature ne pourra être réunie), contre la violence intérieure.

ART. V [Amendements]

Le Congrès, toutes les fois que les deux tiers des deux chambres l'estimeront nécessaire, proposera des amendements à la présente constitution ou, sur la demande des législatures des deux tiers des divers États, convoquera une convention pour proposer des amendements qui, dans l'un et l'autre cas, seront valides, à tous égards et à toute fin, comme partie intégrante de la présente constitution, lorsqu'ils auront été ratifiés par les législatures des trois quarts des États, ou par des conventions dans

1. Voir le 14e amendement.
2. *Ibid.*
3. Voir le 13e amendement.

les trois quarts d'entre eux, selon que l'un ou l'autre mode de ratification aura été proposé par le Congrès ; à condition que *[nul amendement qui serait adopté avant l'année mille huit cent huit n'affecte en aucune manière les première et quatrième clauses de la neuvième section de l'article premier]*[1] ; et qu'aucun État ne soit, sans son consentement, privé de son suffrage égal au Sénat.

Art. VI **[Dispositions diverses]**

(1) Toutes dettes contractées et tous engagements pris avant l'adoption de la présente constitution seront aussi valides à l'égard des États-Unis sous l'empire de cette constitution que sous la Confédération. – *(2)* La présente constitution, et les lois des États-Unis qui seront prises pour son application, et tous les traités conclus, ou qui seront conclus, sous l'autorité des États-Unis, seront la loi suprême du pays ; et les juges dans chaque État seront liés de ce fait, nonobstant toute disposition contraire dans la constitution ou les lois de l'un quelconque des États. – *(3)* Les sénateurs et représentants susmentionnés, les membres des diverses législatures d'État et tous les agents exécutifs et judiciaires, tant des États-Unis que des divers États, seront tenus par serment ou déclaration solennelle *[by Oath or Affirmation]* de soutenir la présente constitution ; mais aucune profession de foi religieuse *[religion test]* ne sera exigée comme condition d'aptitude à quelque fonction ou charge publique dépendant des États-Unis que ce soit.

Art. VII **[Ratification de la constitution]**

La ratification des conventions de neuf États sera suffisante pour la mise en vigueur de la présente constitution entre les États qui l'auront ainsi ratifiée.

Fait en convention du consentement unanime des États présents, le dix-septième jour de septembre de l'an de grâce *[in the Year of our Lord]* mil sept cent quatre-vingt-sept, et de l'indépendance des États-Unis d'Amérique le douzième. En foi de quoi, nous avons signé de nos noms[2].

V. – **Articles additionnels et amendements à la Constitution des États-Unis d'Amérique**[3]

Article Premier **[Limitation des pouvoirs du Congrès]**[4]. – Le Congrès ne fera aucune loi relativement à l'établissement d'une religion ou en interdisant le libre exercice ; ou restreignant la liberté de parole ou de

1. *Ibid.*

2. Suivent, après le nom de G. Washington, président de la Convention, les 38 signatures des représentants des 12 États présents (le 13e État, le Rhode Island, n'était pas représenté). Neuf États avaient ratifié au 21 juin 1788 ; les autres le firent entre 1788 et 1791.

3. Seuls les 13e, 14e, 15e et 16e amendements se sont vu assigner un numéro au moment de leur ratification.

4. Les articles I à X, dont les huit premiers forment le *Bill of Rights*, furent proposés par le Ier Congrès le 25 septembre 1789 et ratifiés le 15 décembre 1791.

la presse ; ou le droit du peuple de s'assembler paisiblement, et d'adresser des pétitions au gouvernement pour une réparation de ses torts.

ART. II **[Droit de porter des armes].** – Une milice bien réglée étant nécessaire à la sécurité d'un État libre, le droit du peuple de détenir et de porter des armes ne sera pas transgressé.

ART. III **[Logement des soldats].** – Aucun soldat ne sera, en temps de paix, logé dans une maison sans le consentement du propriétaire, ni en temps de guerre, si ce n'est de la manière prescrite par la loi.

ART. IV **[Perquisitions et saisies].** – Le droit des citoyens d'être garantis dans leurs personnes, domiciles, papiers et effets, contre des perquisitions et saisies déraisonnables ne sera pas violé, et aucun mandat ne sera délivré, si ce n'est pour un motif plausible, soutenu par serment ou déclaration solennelle, ni sans qu'il décrive avec précision le lieu à fouiller et les personnes ou choses à saisir.

ART. V **[Accusations, propriété].** – Nul ne sera tenu de répondre d'un crime capital ou infamant si ce n'est sur une déclaration de mise en accusation *[presentment]* ou un acte d'accusation *[indictment]* d'un grand jury, sauf dans les affaires nées dans l'armée de terre ou de mer, ou dans la milice lorsqu'elle est en service actif en temps de guerre ou de danger public ; nul ne sera exposé pour le même crime à encourir deux fois une menace pour sa vie ou son corps ; ni ne se verra forcé de témoigner contre lui-même dans aucune affaire criminelle ; ni ne sera privé de vie, de liberté ou de propriété sans garantie juridique convenable *[without due process of law]*[1] ; nulle propriété privée ne sera prise pour usage public sans juste indemnité.

ART. VI **[Jugements criminels].** – Dans toutes les poursuites criminelles, l'accusé aura droit à un jugement rapide et public par un jury impartial de l'État et du district où le crime aura été commis, ce district ayant été préalablement déterminé par la loi, et d'être instruit de la nature et du motif de l'accusation ; d'être confronté avec les témoins à charge ; de bénéficier d'une procédure obligatoire de citation de témoins à décharge, et d'être assisté d'un conseil pour sa défense.

ART. VII **[Jugement par jury].** – Dans les procès de *common law* où la valeur en litige excédera vingt dollars, le droit au jugement par jury sera respecté et aucun fait jugé par un jury ne sera examiné de nouveau dans une Cour des États-Unis autrement que selon les règles de *common law.*

ART. VIII **[Cautions, amendes, peines].** – Des cautions excessives ne seront pas exigées, ni des amendes excessives imposées, ni des châtiments cruels et inhabituels infligés.

1. La traduction ici donnée de cette expression vise à rendre compte du sens qu'elle a pris depuis le vote du 14e amendement ; antérieurement, il aurait été préférable de traduire simplement : « Procédure fixée par la loi. »

ART. IX **[Droits retenus par le peuple].** – L'énumération, dans la constitution de certains droits, ne sera pas interprétée de façon à dénier ou diminuer *[disparage]* d'autres droits retenus par le peuple.

ART. X **[Droits réservés aux États].** – Les pouvoirs non délégués aux États-Unis par la constitution, ni refusés par elle aux États, sont réservés aux États respectivement, ou au peuple.

ART. XI **(4 mars 1794** – 8 janvier 1798)[1] **[Pouvoir judiciaire].** Le pouvoir judiciaire des États-Unis ne sera pas interprété de façon à s'étendre à tout procès en droit ou en équité *[in law or equity]* entamé ou poursuivi contre l'un des États unis par des citoyens d'un autre État, ou par des citoyens ou sujets d'un État étranger.

ART. XII **(9 décembre 1803** – 25 septembre 1804) **[Élection du Président et du Vice-président].** – Les électeurs se réuniront dans leurs États respectifs et voteront par scrutin pour le Président et le Vice-président dont l'un au moins ne sera pas habitant du même État qu'eux ; ils nommeront sur leurs bulletins la personne pour laquelle ils votent comme Président et sur des bulletins distincts la personne pour laquelle ils votent comme Vice-président, et ils dresseront des listes distinctes de toutes les personnes pour lesquelles on aura voté pour la présidence, et de toutes les personnes pour lesquelles on aura voté pour la vice-présidence, et du nombre de voix de chacune d'elles, lesquelles listes ils signeront, et certifieront, et transmettront, scellés, au siège du gouvernement des États-Unis, à l'adresse du président du Sénat ; ce dernier, en présence du Sénat et de la Chambre des représentants, ouvrira toutes les listes certifiées, et les votes seront alors comptés. La personne ayant le plus grand nombre de voix pour la présidence sera le Président, si ce nombre représente la majorité du nombre total des électeurs désignés ; et si personne n'a une telle majorité, alors, parmi les trois personnes ayant le plus grand nombre de votes pour la présidence, la Chambre des représentants désignera immédiatement le Président, par scrutin. Mais, pour la désignation du Président, les voix seront comptées par État, la représentation de chaque État ayant une voix ; le quorum nécessaire à cette fin sera constitué par un ou plusieurs membres des deux tiers des États, et une majorité de tous les États sera nécessaire pour une désignation. *[Et si la Chambre des représentants, quand le droit de désigner lui échoira, ne désigne pas un Président avant le quatrième jour de mars suivant, alors le Vice-président agira en qualité de Président comme dans le cas du décès ou d'autre incapacité constitutionnelle du Président]*[2]. La personne ayant le plus grand nombre de voix pour la vice-présidence sera Vice-président, si ce nombre représente la majorité du nombre total des électeurs désignés ; si personne n'a une majorité alors, parmi les deux mieux placés sur la liste, le Sénat désignera le Vice-président ; le quorum nécessaire à cette fin sera constitué des deux

1. À partir de cet amendement, la première date indiquée entre parenthèses est celle de la *proposition* par le Congrès et la seconde celle de la *ratification*.
2. Voir le 20e amendement.

tiers du nombre total des sénateurs, et une majorité de ce nombre total sera nécessaire pour une désignation. Mais aucune personne inéligible, de par la constitution, aux fonctions de Président ne sera éligible à celles de Vice-président des États-Unis.

ART. XIII **(31 janvier 1865-18 décembre 1865) [Abolition de l'esclavage].** – SECTION 1 : Ni esclavage ni servitude involontaire, si ce n'est en punition d'un crime dont le coupable aura été dûment convaincu, n'existeront aux États-Unis ou dans aucun endroit soumis à leur juridiction. – SECTION 2 : Le Congrès aura pouvoir pour donner effet au présent article par une législation appropriée.

ART. XIV **(13 juin 1866-28 juillet 1868) [Garantie des libertés individuelles, électorat, éligibilité, dette publique].** – SECTION 1 : Toutes personnes nées ou naturalisées aux États-Unis, et soumises à leur juridiction, sont citoyens des États-Unis et de l'État où elles résident. Aucun État ne fera ou n'appliquera de loi qui restreindrait les privilèges ou immunités des citoyens des États-Unis ; ni ne privera aucune personne de vie, de liberté ou de propriété sans garantie juridique convenable *[without due process of law]*[1] ; ni ne refusera à quiconque relève de sa juridiction l'égale protection des lois *[equal protection of the laws].* – SECTION 2 : Les représentants seront répartis entre les divers États proportionnellement à leurs populations respectives, en comptant la totalité des habitants de chaque État, à l'exclusion des Indiens non imposés. Mais, quand le droit de voter à une élection d'électeurs des Président et Vice-président des États-Unis, de représentants au Congrès, d'agents exécutifs et judiciaires d'un État ou de membres de la législature de celui-ci, est dénié à des habitants *[mâles]*[2] de cet État *[âgés de vingt et un ans]*[3] et citoyens des États-Unis, ou restreint d'une quelconque manière, sauf en cas de participation à une rébellion ou d'un autre crime, la base de la représentation dudit État sera réduite dans la proportion existant entre le nombre des citoyens *[mâles]* visés et le nombre total des citoyens *[mâles]* âgés de *[vingt et un ans].* – SECTION 3 : Nul ne sera sénateur ou représentant au Congrès, ou électeur des Président ou Vice-président, ni ne tiendra aucune fonction civile ou militaire relevant des États-Unis ou de l'un quelconque des États, qui, ayant préalablement prêté serment, comme membre du Congrès, ou agent des États-Unis, ou membre d'une législature d'État, ou agent exécutif ou judiciaire d'un État, de défendre la constitution des États-Unis, aura pris part à une insurrection ou à une rébellion contre elle, ou donné aide ou facilités à ses ennemis. Mais le Congrès pourra, par un vote des deux tiers de chaque chambre, lever cette incapacité. – SECTION 4 : La validité de la dette publique des États-Unis, autorisée par la loi, y compris les dettes contractées pour le paiement de pensions et de primes pour services dans la répression d'une insurrection

1. Voir n. 1, p. 46.
2. Voir le 19e amendement.
3. Voir le 26e amendement.

ou d'une rébellion, ne sera pas mise en question. Mais ni les États-Unis, ni aucun État n'assumeront ni ne paieront aucune dette ou obligation contractées dans l'aide à une insurrection ou rébellion contre les États-Unis, ni aucune réclamation pour la perte ou l'émancipation d'esclaves ; au contraire toutes dettes, obligations et réclamations de cette nature seront tenues pour illégales et nulles. – SECTION 5 : Le Congrès aura pouvoir pour donner effet aux dispositions du présent article par une législation appropriée.

ART. XV **(26 février 1869-30 mars 1870) [Droit de suffrage].** – SECTION 1 : Le droit des citoyens des États-Unis de voter ne sera dénié ou restreint ni par les États-Unis, ni par aucun État, pour raison de race, couleur ou condition antérieure de servitude. – SECTION 2 : Le Congrès aura pouvoir pour donner effet au présent article par une législation appropriée.

ART. XVI **(12 juillet 1909-25 février 1913) [Impôt sur le revenu].** – Le Congrès aura le pouvoir d'établir et de percevoir des impôts sur les revenus, de quelque source qu'ils proviennent, sans répartition parmi les divers États, et sans égard à aucun recensement ou dénombrement.

ART. XVII **(13 mai 1912-31 mai 1913) [Élection des sénateurs].** – *(1)* Le Sénat des États-Unis sera composé de deux sénateurs de chaque État, élus par le peuple de cet État pour six ans ; et chaque sénateur aura une voix. Les électeurs dans chaque État auront les qualités requises pour être électeurs de la branche la plus nombreuse de la législature de l'État. – *(2)* Quand des vacances se produiront dans la représentation d'un État au Sénat, l'autorité exécutive de cet État émettra des *writs* d'élection pour pourvoir à ces vacances, mais la législature de chaque État pourra donner à l'exécutif de celui-ci le pouvoir de procéder à des nominations temporaires jusqu'à ce que le peuple pourvoie aux vacances par élection de la façon que la législature déterminera. – *(3)* Le présent amendement ne sera pas interprété comme affectant l'élection ou la durée du mandat de tout sénateur désigné avant qu'il n'acquière force exécutoire comme partie de la constitution.

ART. XVIII **(18 décembre 1917-29 janvier 1919) [Prohibition].** – SECTION 1 : *[Une année après la ratification du présent article, la fabrication, la vente ou le transport des boissons enivrantes, l'importation desdites boissons ou leur exportation, seront interdits par les présentes aux États-Unis et dans tout territoire soumis à leur juridiction en la matière.* – SECTION 2 : *Le Congrès et les divers États auront concurremment pouvoir pour donner effet au présent article par une législation appropriée.* – SECTION 3 : *Le présent article sera inopérant à moins d'être ratifié comme amendement à la constitution par les législatures des divers États, de la manière prévue dans la constitution, dans les sept années qui suivront la date de sa présentation aux États par le Congrès]*[1].

1. Voir le 21e amendement.

ART. XIX **(4 juin 1919-26 août 1920) [Suffrage des femmes].** – *(1)* Le droit de vote des citoyens des États-Unis ne pourra être dénié ou restreint pour raison de sexe par les États-Unis ni l'un quelconque des États. – *(2)* Le Congrès aura pouvoir pour donner effet au présent article par une législation appropriée.

ART. XX **(2 mars 1932 - 6 février 1933) [Entrée en fonction des membres du Congrès et du Président].** – SECTION 1 : Les mandats du Président et du Vice-président prendront fin à midi, le vingtième jour de janvier, et les mandats des sénateurs et des représentants à midi, le troisième jour de janvier, des années au cours desquelles ces mandats auraient pris fin si le présent article n'avait pas été ratifié ; et les mandats de leurs successeurs commenceront alors. – SECTION 2 : Le Congrès s'assemblera au moins une fois l'an, et cette réunion commencera à midi, le troisième jour de janvier, à moins que, par une loi, il ne fixe un jour différent. – SECTION 3 : Si, à la date fixée pour le commencement du mandat du Président, le Président élu est décédé, le Vice-président élu deviendra Président. Si un Président n'a pas été choisi avant la date fixée pour le commencement de son mandat, ou si le Président élu ne remplit pas les conditions, alors le Vice-président élu fera fonction de Président jusqu'à ce qu'un Président remplisse les conditions ; et le Congrès peut, par une loi, pourvoir au cas où ni un Président élu, ni un Vice-président élu ne rempliraient les conditions en désignant qui fera alors fonction de Président, ou la manière selon laquelle une personne qui fera fonction de Président sera choisie, et ladite personne agira en cette qualité jusqu'à ce qu'un Président ou un Vice-président remplisse les conditions. – SECTION 4 : Le Congrès peut par une loi pourvoir au cas de décès de l'une des personnes parmi lesquelles la Chambre des représentants peut choisir un Président lorsque le droit de choisir lui est dévolu, et au cas de décès de l'une des personnes parmi lesquelles le Sénat peut choisir un Vice-président lorsque le droit de choisir lui est dévolu. – SECTION 5 : Les sections 1 et 2 prendront effet le quinzième jour d'octobre suivant la ratification du présent article. – SECTION 6 : Le présent article sera inopérant à moins d'être ratifié comme amendement à la constitution par les législatures des trois quarts des divers États, dans les sept années qui suivront la date de sa soumission.

ART. XXI **(20 février 1933-5 décembre 1933) [Prohibition].** – SECTION 1 : Le dix-huitième amendement à la constitution des États-Unis est abrogé par les présentes. – SECTION 2 : Le transport ou l'importation dans tout État, territoire ou possession des États-Unis, de boissons enivrantes pour livraison ou consommation en violation des lois de ceux-ci sont interdits par les présentes. – SECTION 3 : Le présent article sera inopérant à moins d'être ratifié comme amendement à la constitution par convention dans les divers États ainsi que prévu dans la constitution, dans les sept années qui suivront la date de la soumission de celui-ci aux États par le Congrès.

ART. XXII **(21 mars 1947-27 février 1951) [Nombre de mandats présidentiels].** – SECTION 1 : Nul ne sera élu aux fonctions de Président plus de deux fois, et nul, s'il a occupé les fonctions de Président, ou agi en qualité de Président, pendant plus de deux ans d'un mandat pour lequel quelque autre personne était élue Président, ne sera élu aux fonctions de Président plus d'une fois. Mais cet article ne s'appliquera pas à toute personne ayant occupé les fonctions de Président quand cet article fut proposé par le Congrès, et il n'empêchera pas quiconque pourrait occuper les fonctions de Président, ou agir en qualité de Président, durant le mandat au cours duquel cet article deviendrait exécutoire, d'occuper les fonctions de Président ou d'agir en qualité de Président durant le reste de ce mandat. – SECTION 2 : Le présent article sera inopérant à moins d'être ratifié comme amendement à la constitution par les législatures des trois quarts des divers États dans les sept années de sa soumission aux États par le Congrès.

ART. XXIII **(17 juin 1960-29 mars 1961) [District de Columbia].** – SECTION 1 : Le district constituant le siège du gouvernement des États-Unis désignera selon telle manière que pourra déterminer le Congrès un nombre d'électeurs du Président et du Vice-président équivalant au nombre total des sénateurs et représentants au Congrès auquel ce district aurait droit s'il était un État, mais en aucun cas supérieur à celui de l'État le moins peuplé ; ces électeurs se joindront à ceux désignés par les États et ils seront considérés, pour les besoins de l'élection du Président et du Vice-président, comme désignés par un État ; et ils se réuniront dans le district et rempliront les devoirs prévus par le douzième article d'amendement. – SECTION 2 : Le Congrès aura pouvoir pour donner effet au présent article par une législation appropriée.

ART. XXIV **(27 août 1962-4 février 1964) [Exclusion des taxes électorales].** – SECTION 1 : Le droit des citoyens des États-Unis de voter à toute élection primaire ou autre élection du Président ou du Vice-président, des électeurs du Président et du Vice-président, ou des sénateurs ou représentants au Congrès, ne sera pas dénié ou restreint par les États-Unis, ou par aucun État, pour cause de manquement au paiement d'une taxe électorale *[poll tax]* ou de tout autre impôt. – SECTION 2 : Le Congrès aura pouvoir pour donner effet au présent article par une législation appropriée.

ART. XXV **(6 juillet 1965-23 février 1967) [Nomination du Vice-président, incapacité du Président].** – SECTION 1 : En cas de destitution, décès ou démission du Président, le Vice-président deviendra Président. – SECTION 2 : Quand il y aura une vacance dans les fonctions de Vice-président, le Président présentera un Vice-président qui entrera en fonction après confirmation par un vote majoritaire des deux chambres du Congrès. – SECTION 3 : Quand le Président transmet au président *pro tempore* du Sénat et au président de la Chambre des représentants une déclaration écrite aux termes de laquelle il est incapable d'assumer les pouvoirs et devoirs de ses fonctions, et jusqu'à ce qu'il leur transmette une déclaration écrite du contraire, ces pouvoirs et devoirs seront assumés par le Vice-président en qualité de Président par intérim. – SECTION 4 : Quand le Vice-président et une majorité des principaux agents des départements exécutifs ou de tel autre corps que le Congrès peut déterminer par loi transmettent au président *pro tempore* du Sénat et au président de la Chambre des représentants une déclaration écrite aux termes de laquelle le Président est incapable d'assumer les pouvoirs et devoirs de ses fonctions, le Vice-président assume immédiatement les pouvoirs et devoirs de ces fonctions en qualité de Président par intérim. Par la suite, quand le Président transmettra au président *pro tempore* du Sénat et au président de la Chambre des représentants une déclaration écrite aux termes de laquelle aucune incapacité n'existe, il reprendra les pouvoirs et devoirs de ses fonctions, à moins que le Vice-président et une majorité des principaux agents des départements exécutifs, ou de tel autre corps que le Congrès peut déterminer par loi, ne transmettent dans les quatre jours au président *pro tempore* du Sénat et au président de la Chambre des représentants une déclaration écrite aux termes de laquelle le Président est incapable d'assumer les pouvoirs et devoirs de sa charge. Le Congrès devra alors décider d'une solution, s'assemblant à cette fin dans les quarante-huit heures s'il n'est pas en session. Si, dans les vingt et un jours après réception de la dernière déclaration écrite ou, si le Congrès n'est pas en session, dans les vingt et un jours après que le Congrès a été requis de s'assembler, le Congrès décide par un vote des deux tiers des deux chambres que le Président est incapable d'assumer les pouvoirs et devoirs de ses fonctions, le Vice-président continuera à assumer ces fonctions en qualité de Président par intérim ; dans le cas contraire, le Président reprendra les pouvoirs et devoirs de ses fonctions.

ART. XXVI **(23 mars 1971-5 juillet 1971) [Vote à dix-huit ans]** SECTION 1 : Le droit des citoyens des États-Unis, qui sont âgés de dix-huit ans ou plus, de voter ne sera pas dénié ou restreint par les États-Unis ou l'un quelconque des États pour raison d'âge. – SECTION 2 : Le Congrès aura pouvoir pour donner effet au présent article par une législation appropriée.

ART. XXVII **(1789-7 mai 1992)[1] [Modification de la rémunération du Congrès]**. – Aucune loi modifiant l'indemnité offerte aux sénateurs et aux représentants pour leurs services ne pourra prendre effet avant l'intervention d'une élection à la Chambre des représentants.

1. Cet amendement, proposé à la ratification par Madison en 1789, n'a recueilli le nombre suffisant de votes par les législatures étatiques que deux cent trois ans plus tard, en 1992.

Chapitre III

L'ALLEMAGNE

LOI FONDAMENTALE DU 23 MAI 1949[1]

PRÉAMBULE. – Conscient de sa responsabilité devant Dieu et devant les hommes, animé de la volonté de servir la paix du monde en qualité de membre égal en droits dans une Europe unie, le peuple allemand s'est donné la présente Loi fondamentale en vertu de son pouvoir constituant.

Les Allemands dans les Länder de Bade-Wurtemberg, Bavière, Berlin, Brandebourg, Brême, Hambourg, Hesse, Mecklembourg-Poméranie occidentale, Basse-Saxe, Rhénanie du Nord / Westphalie, Rhénanie-Palatinat, Sarre, Saxe-Anhalt, Schleswig-Holstein et Thuring ont parachevé l'unité et la liberté de l'Allemagne par une libre autodétermination.

La présente Loi fondamentale vaut ainsi pour le peuple allemand tout entier.

1. Les droits fondamentaux

ARTICLE PREMIER **[Dignité de l'être humain, caractère obligatoire des droits fondamentaux pour la puissance publique].** – *(1)* [1]La dignité de l'être humain est intangible. [2]Tous les pouvoirs publics ont l'obligation de la respecter et de la protéger. – *(2)* En conséquence, le peuple allemand reconnaît à l'être humain des droits inviolables et inaliénables comme fondement de toute communauté humaine, de la paix et de la justice dans le monde. – *(3)* Les droits fondamentaux énoncés ci-après lient les pouvoirs législatifs, exécutif et judiciaire à titre de droit directement applicable.

ART. 2 **[Liberté d'agir, liberté de la personne].** – *(1)* Chacun a droit au libre épanouissement de sa personnalité pourvu qu'il ne viole pas les droits d'autrui ni n'enfreigne l'ordre constitutionnel ou la loi morale. – *(2)* [1]Chacun a droit à la vie et à l'intégrité physique. [2]La liberté de la personne est inviolable. [3]Des atteintes ne peuvent être apportées à ces droits qu'en vertu d'une loi.

ART. 3 **[Égalité devant la loi].** – *(1)* Tous les êtres humains sont égaux devant la loi. – *(2)* [1]Hommes et femmes sont égaux en droits.

1. Traduction officielle (Office de presse et d'information du gouvernement fédéral), revue et corrigée par Ch. Autexier, M. Fromont, C. Grewe et O. Jouanjan, juin 2010. Pour gagner de la place, les alinéas, au sein de chaque article, ne sont marqués que par leur numéro.

[2]L'État promeut la réalisation effective de l'égalité en droits des femmes et des hommes et agit en vue de l'élimination des désavantages existants. – *(3)* [1]Nul ne doit être discriminé ni privilégié en raison de son sexe, de son ascendance, de sa race, de sa langue, de sa partie et de son origine, de sa croyance, de ses opinions religieuses ou politiques. [2]Nul ne doit être discriminé en raison de son handicap.

ART. 4 **[Liberté de croyance, de conscience et de profession de foi].** – *(1)* La liberté de croyance et de conscience et la liberté de professer des croyances religieuses et philosophiques sont inviolables. – *(2)* Le libre exercice du culte est garanti. – *(3)* [1]Nul ne doit être astreint contre sa conscience au service armé en temps de guerre. [2]Les modalités sont réglées par une loi fédérale.

ART. 5 **[Liberté d'opinion].** – *(1)* [1]Chacun a le droit d'exprimer et de diffuser librement son opinion par la parole, par l'écrit et par l'image, et de s'informer sans entraves aux sources qui sont accessibles à tous. [2]La liberté de la presse et la liberté d'informer par la radio, la télévision et le cinéma sont garanties. [3]Il n'y a pas de censure. – *(2)* Ces droits trouvent leurs limites dans les prescriptions des lois générales, dans les dispositions légales sur la protection de la jeunesse et dans le droit au respect de l'honneur personnel. – *(3)* [1]L'art et la science, la recherche et l'enseignement sont libres. [2]La liberté de l'enseignement ne dispense pas de la fidélité à la constitution.

ART. 6 **[Mariage et famille, enfants naturels].** – *(1)* Le mariage et la famille sont placés sous la protection particulière de l'État. – *(2)* [1]Élever et éduquer les enfants sont un droit naturel des parents et une obligation qui leur échoit en priorité. [2]La communauté étatique veille sur la manière dont ils s'acquittent de ces tâches. – *(3)* Les enfants ne peuvent être séparés de leur famille contre le gré des personnes investies de l'autorité parentale qu'en vertu d'une loi, en cas de carence de celles-ci ou lorsque les enfants risquent d'être laissés à l'abandon pour d'autres motifs. – *(4)* Toute mère a droit à la protection et à l'assistance de la communauté. – *(5)* La législation doit assurer aux enfants naturels les mêmes conditions qu'aux enfants légitimes en ce qui concerne leur développement physique et moral et leur statut social.

ART. 7 **[Enseignement scolaire].** – *(1)* L'ensemble de l'enseignement scolaire est placé sous le contrôle de l'État. – *(2)* Les personnes investies de l'autorité parentale ont le droit de décider de la participation des enfants à l'instruction religieuse. – *(3)* [1]L'instruction religieuse est une matière d'enseignement régulière dans les écoles publiques à l'exception des écoles non confessionnelles. [2]L'instruction religieuse est dispensée conformément aux principes des communautés religieuses, sans préjudice du droit de contrôle de l'État. [3]Aucun enseignant ne peut être obligé de dispenser l'instruction religieuse contre son gré. – *(4)* [1]Le droit de fonder des écoles privées est garanti. [2]Les écoles privées qui se substituent aux écoles publiques doivent être agréées par l'État et sont soumises aux lois des Länder. [3]L'agrément doit être délivré lorsque les écoles privées ne sont pas d'un niveau inférieur aux écoles publiques quant à leurs programmes, leurs installations et la formation scientifique de leur personnel enseignant, ni ne favorisent une ségrégation des élèves fondée sur la fortune des parents. [4]L'agrément doit être refusé si la situation économique et juridique du personnel enseignant n'est pas suffisamment assurée. – *(5)* Une école primaire privée ne doit être autorisée que si l'administration de l'instruction publique lui reconnaît un intérêt pédagogique particulier ou si les personnes investies de l'autorité parentale demandent la création d'une école interconfessionnelle, confessionnelle ou philosophique et qu'il n'existe pas d'école primaire publique de ce genre dans la commune. – *(6)* Les écoles préparatoires demeurent supprimées.

ART. 8 **[Liberté de réunion].** – *(1)* Tous les Allemands ont le droit de se réunir paisiblement et sans armes, sans déclaration ni autorisation préalables. – *(2)* En ce qui concerne les réunions en plein air, ce droit peut être restreint par une loi ou en vertu d'une loi.

ART. 9 **[Liberté d'association].** – *(1)* Tous les Allemands ont le droit de fonder des associations ou des sociétés. – *(2)* Les associations dont les buts ou l'activité sont contraires aux lois pénales, ou qui sont dirigées contre l'ordre constitutionnel ou l'idée d'entente entre les peuples, sont prohibées. – *(3)* [1]Le droit de fonder des associations pour la sauvegarde et l'amélioration des conditions de travail et des conditions économiques est garanti à tous et dans toutes les professions. [2]Les conventions qui limitent ou tendent à entraver ce droit sont nulles et les mesures prises en ce sens sont illégales. [3]Les mesures prises en vertu des art. 12 *a*, 35, al. 2 et 3, 87 *a*, al. 4 et 91, ne doivent pas être dirigées contre des conflits du travail déclenchés par des associations au sens de la première phrase (du présent alinéa) pour la sauvegarde et l'amélioration des conditions de travail et des conditions économiques.

ART. 10 **[Secret de la correspondance, de la poste et des télécommunications].** – *(1)* Le secret de la correspondance ainsi que le secret de la poste et des télécommunications sont inviolables. – *(2)* [1]Des restrictions ne peuvent y être apportées qu'en vertu d'une loi. [2]Si la restriction est destinée à défendre l'ordre constitutionnel libéral et démocratique, ou l'existence ou la sécurité de la Fédération ou d'un Land, la loi peut disposer que l'intéressé n'en sera pas informé et que le recours juridictionnel est remplacé par le contrôle d'organes et d'organes auxiliaires désignés par la représentation du peuple.

ART. 11 **[Liberté de circulation et d'établissement].** – *(1)* Tous les Allemands jouissent de la liberté de circulation et d'établissement sur l'ensemble du territoire fédéral. – *(2)* Ce droit ne peut être limité que par la loi ou en vertu d'une loi et uniquement dans le cas où l'absence de moyens d'existence suffisants imposerait des charges particulières pour la collectivité ainsi que dans le cas où cela serait nécessaire pour écarter un danger menaçant l'existence ou l'ordre constitutionnel libéral et démocratique de la Fédération ou d'un Land, ou pour lutter contre des risques d'épidémie, des catastrophes naturelles ou des sinistres particulièrement graves, ou pour protéger la jeunesse en danger d'abandon ou pour prévenir des agissements délictueux.

ART. 12 **[Liberté de la profession, interdiction du travail forcé].** – *(1)* [1]Tous les Allemands ont le droit de choisir librement leur profession, leur emploi et leur établissement de formation. [2]L'exercice de la profession peut être réglementé par la loi ou en vertu d'une loi. – *(2)* Nul ne peut être astreint à un travail déterminé sinon dans le cadre d'une obligation publique de prestation de services, traditionnelle, générale et égale pour tous. – *(3)* Le travail forcé n'est licite que dans le cas d'une peine privative de liberté prononcée par un tribunal.

ART. 12 *a* **[Service militaire et civil obligatoire].** – *(1)* Les hommes peuvent, à compter de l'âge de dix-huit ans révolus, être obligés de servir les forces armées, dans le corps fédéral de protection des frontières ou dans un groupe de protection civile. – *(2)* [1]Quiconque refuse, pour des motifs de conscience, d'accomplir le service armé en temps de guerre, peut être obligé d'accomplir un service de substitution. [2]La durée du service de substitution ne doit pas dépasser la durée du service militaire. [3]Les modalités sont réglées par une loi qui ne doit pas porter atteinte à la liberté de décider selon sa conscience et qui doit également prévoir une possibilité de service de substitution n'ayant aucun rapport avec les unités des forces armées et le corps fédéral de protection des frontières. – *(3)* [1]Pendant l'état de défense, les personnes soumises aux obligations militaires et qui ne sont pas appelées à accomplir un des services visés aux al. 1 ou 2, peuvent être obligées par la loi ou en vertu d'une loi à fournir dans le cadre de rapports de travail des prestations de services de nature civile à des fins de défense, y compris à des fins de protection de la population civile ; des affectations dans un régime de droit public ne peuvent être imposées que pour assurer des missions de police ou les missions administratives de puissance publique qui ne peuvent être remplies que dans un régime de droit public. [2]Des rapports de travail tels que ceux prévus à la première phrase peuvent être établis dans les forces armées, dans le secteur de l'intendance, ainsi que dans l'administration publique ; des rapports de travail ne peuvent être imposés dans le secteur de l'approvisionnement de la population civile que pour couvrir ses besoins vitaux ou assurer sa protection. – *(4)* [1]Si, pendant l'état de défense, les besoins en prestations de services de nature civile ne peuvent être couverts par des concours volontaires dans les établissements sanitaires et hospitaliers civils ainsi que dans les hôpitaux militaires fixes, les femmes âgées de dix-huit ans révolus à cinquante-cinq ans révolus peuvent être appelées, par la loi ou en vertu d'une loi, à accomplir des prestations de services de ce type. [2]Elles ne doivent en aucun cas être obligées à accomplir un service armé. – *(5)* [1]Pendant la période précédant l'état de défense, les obligations définies à l'al. 3 ne peuvent être établies que dans les conditions de l'art. 80 *a*, al. 1er. [2]Pour la préparation à celles des prestations de services visées à l'al. 3 pour lesquelles des connaissances ou des savoir-faire sont nécessaires, la participation à des stages de formation pourra être rendue obligatoire par la loi ou en vertu d'une loi. [3]Dans ce cas, la première phrase (du présent alinéa) ne s'applique pas. – *(6)* [1]Si, pendant l'état de défense, le besoin en main-d'œuvre pour les secteurs mentionnés à l'al. 3, 2e phrase ne peut être couvert par des concours volontaires, la liberté des Allemands de ne plus exercer une profession ou de ne plus occuper un emploi peut être limitée par la loi ou en vertu d'une loi, pour garantir la couverture de ces besoins. [2]L'al. 5, 1re phrase est applicable par analogie avant la survenance de l'état de défense.

ART. 13 **[Inviolabilité du domicile].** – *(1)* Le domicile est inviolable. – *(2)* Des perquisitions ne peuvent être ordonnées que par le juge ainsi que, s'il y a péril en la demeure, par les autres organes prévus par les lois ; elles ne peuvent être effectuées que dans la forme y prescrite. – *(3)* Lorsque certains éléments de fait fondent le soupçon que quelqu'un a commis l'une des infractions pénales particulièrement graves spécialement prévues par la loi, des moyens techniques de surveillance acoustique de domiciles dans lesquels la personne poursuivie est supposée séjourner peuvent pour la répression de cette infraction être utilisés sur le fondement d'une ordonnance juridictionnelle si l'investigation des faits par d'autres moyens serait incomparablement plus difficile ou vouée à l'échec. La mesure doit être limitée dans le temps. L'ordonnance est prise par une formation de trois juges. S'il y a péril en la demeure, elle peut être également prise par un juge unique. – *(4)* Pour parer à des dangers imminents pour la sécurité publique, et notamment à un danger collectif ou à un péril mortel, des moyens techniques de surveillance de domiciles ne peuvent être utilisés que sur le fondement d'une ordonnance juridictionnelle. S'il y a péril en la demeure, la mesure peut être également ordonnée par une autre autorité déterminée par la loi ; une décision juridictionnelle doit intervenir sans délai. – *(5)* Lorsque des moyens techniques sont exclusivement prévus pour la protection de personnes intervenant dans des domiciles, la mesure peut être ordonnée par une autorité déterminée par la loi. L'exploitation à une autre fin des connaissances ainsi acquises n'est permise qu'à la seule fin de poursuites pénales ou de prévention d'un danger, et à la condition seulement que la régularité de la mesure ait été préalablement constatée par le juge ; s'il y a péril en la demeure, la décision juridictionnelle doit intervenir sans délai. – *(6)* Le gouvernement fédéral informe chaque année le Bundestag sur l'utilisation de moyens techniques dans le cadre de l'alinéa 3 et, pour les affaires ressortissant à la Fédération, de l'alinéa 4 ainsi que de l'alinéa 5 lorsque le juge doit exercer un contrôle juridictionnel. Un organisme collégial élu par le Bundestag exerce le contrôle parlementaire sur la base de ce rapport. Les Länder assurent un contrôle parlementaire équivalent. – *(7)* D'autres atteintes ou restrictions ne peuvent être apportées à l'inviolabilité du domicile que pour parer à un danger collectif, écarter un péril mortel menaçant des personnes ou encore, en vertu d'une loi, pour prévenir la sécurité et l'ordre publics de dangers imminents, en particulier pour remédier à la pénurie de logement, pour lutter contre les risques d'épidémie ou pour protéger la jeunesse en danger.

ART. 14 **[Propriété, droit de succession et expropriation].** – *(1)* [1]La propriété et le droit de succession sont garantis. [2]Leur contenu et leurs limites sont fixés par les lois. – *(2)* [1]Propriété oblige. [2]Son usage doit contribuer en même temps au bien de la collectivité. – *(3)* [1]L'expropriation n'est permise qu'en vue du bien de la collectivité. [2]Elle ne peut être opérée que par la loi ou en vertu d'une loi qui fixe le mode et la mesure de l'indemnisation. [3]L'indemnité doit être déterminée en faisant équitablement la part des intérêts de la collectivité et de ceux des parties intéressées. [4]En cas de litige portant sur le montant de l'indemnité, les tribunaux ordinaires sont compétents.

ART. 15 **[Socialisation].** – [1]Le sol, les ressources naturelles et les moyens de production peuvent être, aux fins de socialisation, sous un régime de propriété collective ou d'autres formes de gestion collective par une loi qui fixe le mode et la mesure de l'indemnisation. [2]L'art. 14, al. 3, 3e et 4e phrases s'applique par analogie à l'indemnisation.

ART. 16 **[Nationalité, extradition].** – *(1)* [1]La nationalité allemande ne peut être retirée. [2]La perte de la nationalité ne peut intervenir qu'en vertu d'une loi et lorsqu'elle intervient contre le gré de l'intéressé, seulement si celui-ci ne devient pas de ce fait apatride. – *(2)* Aucun Allemand ne peut être extradé à l'étranger. (…).

ART. 16 *a* **[Droit d'asile].** – *(1)* Les persécutés politiques jouissent du droit d'asile. – *(2)* [1]L'al. 1er ne peut être invoqué par celui qui entre sur le territoire fédéral en provenance d'un État membre des Communautés européennes ou d'un autre État tiers dans lequel l'application de la Convention relative au statut des réfugiés et de la Convention de sauvegarde des droits de l'homme et des libertés fondamentales est assurée. [2]Les États non membres des Communautés européennes remplissant les conditions de la première phrase seront déterminés par une loi qui requiert l'approbation du Bundesrat. [3]Dans les cas prévus à la première phrase, des mesures mettant fin au séjour peuvent être exécutées indépendamment du recours engagé contre elles. – *(3)* [1]Une loi qui requiert l'approbation du Bundesrat peut déterminer les États dans lesquels il paraît assuré en raison de l'état du droit, de l'application du droit et de la situation politique générale, qu'il n'y a ni persécution politique, ni peines ou traitements inhumains ou dégradants. [2]Un étranger originaire d'un tel État est présumé n'être pas persécuté, tant qu'il ne produit pas des faits fondant l'hypothèse que, contrairement à cette présomption, il est politiquement persécuté. – *(4)* [1]Dans les cas prévus à l'al. 3 et dans les autres cas de demandes manifestement infondées ou considérées comme telles, le tribunal ne prononcera le sursis à l'exécution des mesures mettant fin au séjour que s'il existe des doutes sérieux sur la régularité de la mesure ; l'étendue du contrôle peut être restreinte et les moyens tardifs peuvent être écartés. [2]Les modalités doivent être réglées par la loi. – *(5)* Les al. 1 à 4 ne font pas obstacle aux traités internationaux conclus par des États membres des Communautés européennes entre eux et avec des États tiers, qui fixent des règles de compétences pour l'examen des demandes d'asile, y compris la reconnaissance mutuelle des décisions en matière d'asile, dans le respect des obligations découlant de la Convention relative au statut des réfugiés et de la Convention de sauvegarde des droits de l'homme et des libertés fondamentales, dont l'application doit être assurée dans les États parties à ces traités.

ART. 17 **[Droit de pétition].** – Toute personne a le droit d'adresser par écrit, individuellement ou conjointement avec d'autres, des requêtes ou des recours aux autorités compétentes et à la représentation du peuple.

ART. 17 *a* **[Limitations apportées à certains droits fondamentaux par des lois relatives à la défense et au service de substitution]** *(1)* Les lois relatives au service militaire et au service de substitution peuvent prévoir pour les membres des forces armées et du service de substitution, pendant la durée de leur service, des limitations au droit fondamental d'exprimer et de diffuser librement leur opinion par la parole, par l'écrit et par l'image (art. 5, al. 1er, 1re partie de la 1re phrase), au droit fondamental de la liberté de réunion (art. 8) et au droit de pétition (art. 17), dans la mesure où celui-ci confère le droit d'adresser des requêtes ou des recours conjointement avec d'autres. – *(2)* Les lois relatives à la défense, y compris la protection de la population civile, peuvent prévoir des limitations aux droits fondamentaux de la liberté de circulation et d'établissement (art. 11) et d'inviolabilité du domicile (art. 13).

ART. 18 **[Déchéance des droits fondamentaux].** – [1]Quiconque abuse de la liberté d'expression des opinions, notamment de la liberté de la presse (art. 5, al. 1er), de la liberté de l'enseignement (art. 5, al. 3), de la liberté de réunion (art. 8), de la liberté d'association (art. 9), du secret de la correspondance, de la poste et des télécommunications (art. 10), de la propriété (art. 14) ou du droit d'asile (art. 16 *a*) pour combattre l'ordre constitutionnel libéral et démocratique, est déchu de ces droits fondamentaux. [2]La déchéance et son étendue sont prononcées par la Cour constitutionnelle fédérale.

ART. 19 **[Restrictions apportées aux droits fondamentaux].** – *(1)* [1]Lorsque, d'après la présente Loi fondamentale, un droit fondamental peut être restreint par une loi ou en vertu d'une loi, cette loi doit valoir de manière générale et non seulement pour un cas particulier. [2]La loi doit en outre énoncer le droit fondamental avec indication de l'article concerné. – *(2)* Il ne doit en aucun cas être porté atteinte à la substance d'un droit fondamental. – *(3)* Les droits fondamentaux s'appliquent également aux personnes morales nationales lorsque leur nature le permet. – *(4)* [1]Quiconque est lésé dans ses droits par la puissance publique dispose d'un recours juridictionnel. [2]Lorsqu'aucune autre juridiction n'est compétente, le recours est porté devant la juridiction ordinaire. [3]L'art. 10, al. 2, 2e phrase n'est pas affecté.

2. La Fédération et les Länder

Art. 20 **[Fondements de l'ordre étatique, droit de résistance].** – *(1)* La République fédérale d'Allemagne est un État fédéral, démocratique et social. – *(2)* [1]Tout pouvoir d'État émane du peuple. [2]Le peuple l'exerce au moyen d'élections et de votations et par des organes spéciaux investis des pouvoirs législatif, exécutif et judiciaire. – *(3)* Le pouvoir législatif est lié par l'ordre constitutionnel, les pouvoirs exécutif et judiciaire sont liés par la loi et le droit. – *(4)* Tous les Allemands ont le droit de résister à quiconque entreprendrait de renverser cet ordre, s'il n'y a pas d'autre remède possible.

Art. 20 *a* **[Protection des fondements naturels de la vie].** – Assumant ainsi également sa responsabilité pour les générations futures, l'État protège les fondements naturels de la vie et les animaux par l'exercice du pouvoir législatif, dans le cadre de l'ordre constitutionnel, et des pouvoirs exécutif et judiciaire, dans les conditions fixées par la loi et le droit.

Art. 21 **[Partis politiques].** – *(1)* [1]Les partis concourent à la formation de la volonté politique du peuple. [2]Leur fondation est libre. [3]Leur organisation interne doit être conforme aux principes démocratiques. [4]Ils doivent rendre compte publiquement de la provenance et de l'emploi de leurs ressources ainsi que de leurs biens. – *(2)* [1]Les partis qui, d'après leurs buts ou d'après le comportement de leurs adhérents, tendent à porter atteinte à l'ordre constitutionnel libéral et démocratique, ou à le renverser, ou à mettre en péril l'existence de la République fédérale d'Allemagne, sont inconstitutionnels. [2]La Cour constitutionnelle fédérale statue sur la question de l'inconstitutionnalité. – *(3)* Les modalités sont réglées par des lois fédérales.

Art. 22 **[Capitale fédérale, drapeau fédéral].** – (1) [1]La capitale de la République fédérale d'Allemagne est Berlin. [2]La représentation de l'ensemble de l'État dans la capitale incombe à la Fédération. [3]Les modalités seront réglées par une loi fédérale. (2) Le drapeau fédéral est noir, rouge, or.

Art. 23 **[L'Union européenne].** – *(1)* [1]Pour l'édification d'une Europe unie, la République fédérale d'Allemagne concourt au développement de l'Union européenne qui est attachée aux principes fédératifs, sociaux, d'État de droit et de démocratie ainsi qu'au principe de subsidiarité et qui garantit une protection des droits fondamentaux substantiellement comparable à celle de la présente Loi fondamentale. [2]À cet effet, la Fédération peut transférer des droits de souveraineté par une loi approuvée par le Bundesrat. [3]L'art. 79, al. 2 et 3 est applicable à l'institution de l'Union européenne ainsi qu'aux modifications de ses bases conventionnelles et aux autres textes comparables qui modifient ou complètent la présente Loi fondamentale dans son contenu ou rendent possibles de tels compléments ou modifications. – *(1 a)* Le Bundestag et le Bundesrat ont le droit de former un recours devant de la Cour de justice de l'Union européenne pour violation du principe de subsidiarité par un acte législatif de l'Union européenne. Le Bundestag en a l'obligation à la demande d'un quart de ses membres. Par une loi requérant l'approbation du Bundesrat, des exceptions à l'art. 42, al. 2, 1re phrase et à l'art. 52, al. 3, 1re phrase, pourront être admises pour l'exercice des droits qui sont conférés au Bundestag et au Bundesrat par les fondements conventionnels de l'Union européenne. – *(2)* [1]Le Bundestag et les Länder par l'intermédiaire du Bundesrat concourent aux affaires de l'Union européenne. [2]Le gouvernement fédéral doit informer le Bundestag et le Bundesrat de manière complète et aussitôt que possible. – *(3)* [1]Avant de concourir aux actes normatifs de l'Union européenne, le gouvernement fédéral donne au Bundestag l'occasion de prendre position. [2]Dans les négociations, le gouvernement fédéral prend en considération les prises de position du Bundestag. [3]Les modalités sont réglées par la loi. – *(4)* Le Bundesrat doit être associé à la formation de la volonté de la Fédération dans la mesure où son concours serait requis au plan interne pour une mesure analogue ou que les Länder seraient compétents au plan interne. – *(5)* [1]Dans la mesure où des intérêts des Länder sont touchés dans un domaine de compétence exclusive de la Fédération ou lorsque la Fédération a, à un autre titre, le droit de légiférer, le gouvernement fédéral prend en considération la prise de position du Bundesrat. [2]Lorsque des pouvoirs de législation des Länder, l'organisation de leurs administrations ou leur procédure administrative sont concernés de manière prépondérante, l'opinion du Bundesrat doit être prise en considération de manière déterminante lors de la formation de la volonté de la Fédération ; la responsabilité de la Fédération pour l'ensemble de l'État doit être préservée. [3]Dans les affaires susceptibles d'entraîner une augmentation des dépenses ou une diminution des recettes de la Fédération, l'approbation du gouvernement fédéral est nécessaire. – *(6)* [1]Lorsque des pouvoirs exclusifs de législation des Länder sont concernés de manière prépondérante dans les domaines de la formation scolaire, de la culture, de la radio et de la télévision, l'exercice des droits que possède la République fédérale d'Allemagne en tant qu'État membre de l'Union européenne sera confié par la Fédération à un représentant des Länder désigné par le Bundesrat. [2]L'exercice de ces droits a lieu avec la participation du gouvernement fédéral et de concert avec lui ; la responsabilité de la Fédération pour l'ensemble de l'État doit être préservée. – *(7)* Les modalités relatives aux al. 4 à 6 sont réglées par une loi requérant l'approbation du Bundesrat.

ART. 24 **[Institutions internationales]**. – *(1)* La Fédération peut transférer, par voie législative, des droits de souveraineté à des institutions internationales. – *(1 a)* Dans la mesure où les Länder sont compétents pour l'exercice des pouvoirs étatiques et l'accomplissement des missions de l'État, ils peuvent, avec l'approbation du gouvernement fédéral, transférer des droits de souveraineté à des institutions de voisinage frontalier. – *(2)* Pour sauvegarder la paix, la Fédération peut adhérer à un système de sécurité mutuelle collective ; elle consentira à cet effet aux limitations de ses droits de souveraineté qui établissent et garantissent un ordre pacifique durable en Europe et entre les peuples du monde. – *(3)* En vue de permettre le règlement de différends entre États, la Fédération adhérera à des conventions établissant une juridiction arbitrale internationale ayant une compétence générale, universelle et obligatoire.

ART. 25 **[Droit international public et droit fédéral].** – [1]Les règles générales du droit international public font partie du droit fédéral. [2]Elles sont supérieures aux lois et créent directement des droits et des obligations pour les habitants du territoire fédéral.

ART. 26 **[Interdiction de préparer une guerre d'agression].** – [1]Les actes susceptibles de troubler la coexistence pacifique des peuples et accomplis dans cette intention, notamment en vue de préparer une guerre d'agression, sont inconstitutionnels. [2]Ils doivent être réprimés pénalement. (…).

ART. 28 **[Garantie fédérale relative aux constitutions des Länder, autonomie communale].** – *(1)* [1]L'ordre constitutionnel des Länder doit être conforme aux principes d'un État de droit républicain, démocratique et social, au sens de la présente Loi fondamentale. [2]Dans les Länder, les arrondissements et les communes, le peuple doit avoir une représentation issue d'élections au suffrage universel direct, libre, égal et secret. [3]Pour les élections dans les arrondissements et communes, les personnes possédant la nationalité d'un État membre de la Communauté européenne sont également électrices et éligibles dans les conditions du droit de la Communauté européenne. [4]Dans les communes, l'assemblée des citoyens de la commune peut tenir lieu de corps élu. – *(2)* [1]Aux communes doit être garanti le droit de régler, sous leur propre responsabilité, toutes les affaires de la communauté locale, dans le cadre des lois. [2]Les groupements de communes ont également le droit d'auto-administration dans le cadre de leurs attributions légales et dans les conditions définies par la loi. [3]La garantie de l'auto-administration englobe également les bases de l'autonomie financière ; ces bases comprennent une ressource fiscale revenant aux communes, qui est assise sur le potentiel économique et dont les communes peuvent fixer le taux de perception. – *(3)* La Fédération garantit la conformité de l'ordre constitutionnel des Länder avec les droits fondamentaux et avec les dispositions des al. 1 et 2.

ART. 29 **[Restructuration du territoire fédéral].** – *(1)* [1]Le territoire fédéral peut être restructuré en vue de permettre aux Länder d'accomplir efficacement les tâches qui leur incombent en fonction de leur dimension et de leur capacité. [2]Ce faisant, on devra tenir compte des particularismes régionaux, des liens historiques et culturels, de l'opportunité économique, ainsi que des impératifs de l'aménagement du territoire et du développement régional. – *(2)* [1]Les mesures de restructuration du territoire fédéral sont prises par une loi fédérale qui doit être ratifiée par votation populaire. [2]Les Länder concernés doivent être entendus. (…).

Art. 30 **[Répartition des compétences entre la Fédération et les Länder].** – L'exercice des pouvoirs étatiques et l'accomplissement des missions de l'État relèvent des Länder, à moins que la présente Loi fondamentale n'en dispose autrement ou n'admette un autre règlement.

Art. 31 **[Primauté du droit fédéral].** – Le droit fédéral prime le droit de Land.

Art. 32 **[Relations extérieures].** – *(1)* La charge des relations avec les États étrangers relève de la Fédération. – *(2)* Avant la conclusion d'un traité touchant la situation particulière d'un Land, ce Land devra être entendu en temps utile. – *(3)* Dans la mesure de leur compétence législative, les Länder peuvent, avec l'approbation du gouvernement fédéral, conclure des traités avec des États étrangers. (...).

Art. 35 **[Entraide judiciaire et administrative, aide en cas de catastrophe].** – *(1)* Toutes les autorités de la Fédération et des Länder se prêtent mutuellement entraide judiciaire et administrative. (...).

Art. 37 **[Contrainte fédérale].** – *(1)* Si un Land ne remplit pas les obligations de caractère fédéral qui lui incombent en vertu de la Loi fondamentale ou d'une autre loi fédérale, le gouvernement fédéral peut, avec l'approbation du Bundesrat, prendre les mesures nécessaires pour obliger ce Land, par la voie de la contrainte fédérale, à remplir ses obligations. – *(2)* Pour la mise en œuvre de la contrainte fédérale, le gouvernement fédéral ou son délégué dispose du pouvoir d'instruction à l'égard de tous les Länder et de leurs administrations. (...).

3. Le Bundestag

Art. 38 **[Élections].** – *(1)* [1]Les députés du Bundestag allemand sont élus au suffrage universel, direct, libre, égal et secret. [2]Ils sont les représentants de l'ensemble du peuple, ne sont liés ni par des mandats ni par des instructions et ne sont soumis qu'à leur conscience. – *(2)* Est électeur celui qui a dix-huit ans révolus ; est éligible celui qui a atteint l'âge de la majorité. – *(3)* Les modalités sont réglées par une loi fédérale.

Art. 39 **[Législature, réunion, convocation].** – *(1)* [1]Le Bundestag est élu pour quatre ans, sous réserve des dispositions ci-après. [2]La législature prend fin avec la réunion d'un nouveau Bundestag. [3]Les nouvelles élections ont lieu quarante-six mois au plus tôt, quarante-huit mois au plus tard après le début de la législature. [4]En cas de dissolution du Bundestag, les nouvelles élections ont lieu dans les soixante jours. – *(2)* Le Bundestag se réunit au plus tard le trentième jour qui suit les élections. – *(3)* [1]Le Bundestag décide de la clôture et de la reprise de ses sessions. [2]Le président du Bundestag peut le convoquer avant la date prévue. [3]Il est tenu de le faire si un tiers des membres, le président fédéral ou le chancelier fédéral en font la demande.

ART. 40 **[Président, règlement intérieur].** – *(1)* [1]Le Bundestag élit son président, ses vice-présidents et les secrétaires. [2]Il établit son règlement intérieur. – *(2)* [1]Le président dispose des pouvoirs de gestion et de police dans l'enceinte du Bundestag. [2]Aucune perquisition ni saisie ne peuvent être effectuées dans les locaux du Bundestag sans autorisation du président.

ART. 41 **[Contrôle des élections].** – *(1)* [1]Le contrôle des élections relève du Bundestag. [2]Il lui appartient également de constater que l'un de ses membres a perdu la qualité de député. – *(2)* Le recours devant la Cour constitutionnelle fédérale est ouvert contre la décision du Bundestag. – *(3)* Les modalités sont réglées par une loi fédérale.

ART. 42 **[Débats, votes].** – *(1)* [1]Les débats du Bundestag sont publics. [2]Le huis clos peut être prononcé à la majorité de deux tiers, à la demande d'un dixième des membres du Bundestag ou à la demande du gouvernement fédéral. [3]La décision est prise au cours d'une séance à huis clos. – *(2)* [1]La majorité des suffrages exprimés est requise pour les décisions du Bundestag, sauf disposition contraire de la présente Loi fondamentale. [2]Le règlement intérieur peut admettre des exceptions pour les élections auxquelles doit procéder le Bundestag. (…).

ART. 43 **[Présence des membres du gouvernement et du Bundesrat]** *(1)* Le Bundestag et ses commissions peuvent exiger la présence de tout membre du gouvernement fédéral. – *(2)* [1]Les membres du Bundesrat et du gouvernement fédéral ainsi que leurs délégués ont accès à toutes les séances du Bundestag et de ses commissions. [2]Ils doivent être entendus à tout moment.

ART. 44 **[Commissions d'enquête].** – *(1)* [1]Le Bundestag a le droit et, à la demande d'un quart de ses membres, l'obligation de constituer une commission d'enquête chargée de recueillir les preuves nécessaires en audience publique. [2]Le huis clos peut être prononcé. – *(2)* [1]Les règles de la procédure pénale s'appliquent par analogie à l'administration des preuves. [2]Le secret de la correspondance, de la poste et des télécommunications n'est pas affecté. – *(3)* Les tribunaux et les autorités administratives sont tenus à l'entraide judiciaire et administrative. – *(4)* [1]Les décisions des commissions d'enquête sont soustraites à l'examen des tribunaux. [2]Les tribunaux sont libres d'apprécier et de juger les faits qui font l'objet de l'enquête.

ART. 45 **[Commission des affaires de l'Union européenne].** – [1]Le Bundestag nomme une commission des affaires de l'Union européenne. [2]Il peut l'autoriser à exercer à l'égard du gouvernement fédéral les droits qui lui sont conférés par l'art. 23. Il peut également l'autoriser à exercer les droits qui sont conférés au Bundestag par les fondements conventionnels de l'Union européenne. (…).

ART. 46 **[Irresponsabilité et immunité].** – *(1)* [1]Un député ne peut à aucun moment faire l'objet de poursuites judiciaires ou disciplinaires, ni voir sa responsabilité mise en cause d'une quelconque façon hors du Bundestag, en raison d'un vote émis ou d'une déclaration faite par lui au Bundestag ou dans l'une de ses commissions. [2]Cette disposition ne s'applique pas aux injures diffamatoires. – *(2)* Pour un acte passible d'une sanction, un député ne peut voir sa responsabilité mise en cause ou être arrêté qu'avec l'agrément du Bundestag, à moins qu'il n'ait été arrêté en flagrant délit ou le lendemain du jour où il a commis cet acte. – *(3)* L'agrément du Bundestag est en outre nécessaire pour toutes autres restrictions apportées à la liberté personnelle d'un député ou pour l'introduction contre un député d'une procédure selon l'art. 18. – *(4)* Toute procédure pénale et toute procédure selon l'art. 18 intentées contre un député, toute détention et toute autre limitation de sa liberté personnelle doivent être suspendues sur demande du Bundestag. (...).

4. Le Bundesrat

ART. 50 **[Missions].** – Par l'intermédiaire du Bundesrat, les Länder concourent à la législation et à l'administration de la Fédération et aux affaires de l'Union européenne.

ART. 51 **[Composition].** – *(1)* [1]Le Bundesrat se compose de membres des gouvernements des Länder, qui les nomment et les révoquent. [2]Ils peuvent se faire représenter par d'autres membres de leur gouvernement. – *(2)* Chaque Land a au moins trois voix, les Länder qui comptent plus de deux millions d'habitants en ont quatre, ceux qui comptent plus de six millions d'habitants en ont cinq, ceux qui comptent plus de sept millions d'habitants en ont six. – *(3)* [1]Chaque Land peut déléguer autant de membres qu'il a de voix. [2]Les voix d'un Land ne peuvent être exprimées que globalement et seulement par des membres présents ou leurs suppléants.

ART. 52 **[Président, règlement intérieur, et constitution d'une Chambre européenne].** – *(1)* Le Bundesrat élit son président pour un an. – *(2)* [1]Le président convoque le Bundesrat. [2]Il est tenu de le convoquer à la demande des représentants de deux Länder au moins ou du gouvernement fédéral. – *(3)* [1]Le Bundesrat statue à la majorité au moins de ses voix. [2]Il établit son règlement intérieur. [3]Ses débats sont publics. [4]Le huis clos peut être prononcé. – *(3 a)* Pour les affaires de l'Union européenne, le Bundesrat peut constituer une chambre européenne dont les décisions valent décisions du Bundesrat ; le nombre de voix exprimées globalement par chaque Land est déterminé selon l'art. 51, al. 2. – *(4)* D'autres membres ou délégués des gouvernements des Länder peuvent faire partie des commissions du Bundesrat.

ART. 53 **[Présence des membres du gouvernement].** – [1]Les membres du gouvernement fédéral ont le droit et, si la demande leur en est faite, l'obligation de prendre part aux débats du Bundesrat et de ses commissions. [2]Ils doivent être entendus à tout moment. [3]Le Bundesrat doit être tenu au courant de la conduite des affaires par le gouvernement fédéral.

5. **Le président fédéral**

Art. 54 **[Élection].** – *(1)* [1]Le président fédéral est élu sans débat par l'Assemblée fédérale. [2]Est éligible tout Allemand ayant le droit de vote pour les élections au Bundestag et âgé de quarante ans révolus. – *(2)* [1]La durée des fonctions du président fédéral est de cinq ans. [2]Une seule réélection immédiate est permise. – *(3)* L'Assemblée fédérale se compose des membres du Bundestag et d'un nombre égal de membres élus à la proportionnelle par les représentations du peuple dans les Länder. (…). – *(6)* [1]Est élu celui qui obtient les voix de la majorité des membres de l'Assemblée fédérale. [2]Si aucun candidat n'atteint cette majorité au cours de deux tours de scrutin, est élu au tour de scrutin suivant celui qui réunit sur son nom le plus grand nombre de voix. (…).

Art. 55 **[Incompatibilités].** – *(1)* Le président fédéral ne peut appartenir ni au gouvernement ni à un organe législatif de la Fédération ou d'un Land. – *(2)* Le président fédéral ne peut exercer aucune autre fonction publique rémunérée, aucune profession industrielle ou commerciale ni aucun métier, et il ne peut faire partie ni de la direction ni du conseil d'administration d'une entreprise poursuivant des buts lucratifs.

Art. 56 **[Serment d'entrée en fonctions].** – *(1)* Lors de son entrée en fonctions, le président fédéral prête le serment suivant devant les membres du Bundestag et du Bundesrat réunis : « Je jure de consacrer mes forces au bien du peuple allemand, d'accroître ce qui lui est profitable, d'écarter de lui tout dommage, de respecter et de défendre la Loi fondamentale et les lois de la Fédération, de remplir mes devoirs avec conscience et d'être juste envers tous. Que Dieu me vienne en aide ! » – *(2)* Le serment peut également être prêté sans formule religieuse.

Art. 57 **[Suppléance].** – En cas d'empêchement du président fédéral ou de vacance anticipée de ses fonctions, ses pouvoirs sont exercés par le président du Bundesrat.

Art. 58 **[Contreseing].** – [1]Pour être valables, les ordres et décisions du président fédéral doivent être contresignés par le chancelier fédéral ou par le ministre fédéral compétent. [2]Ceci ne s'applique pas à la nomination et à la révocation du chancelier fédéral, à la dissolution du Bundestag en vertu de l'art. 63 et à la requête prévue par l'art. 69, al. 3.

Art. 59 **[Représentation internationale de la Fédération].** – *(1)* [1]Le président fédéral représente la Fédération sur le plan international. [2]Il conclut au nom de la Fédération les traités avec les États étrangers. [3]Il accrédite et reçoit les représentants diplomatiques. – *(2)* [1]Les traités réglant les relations politiques de la Fédération, ou relatifs à des matières qui relèvent de la compétence législative fédérale, requièrent l'approbation ou le concours des organes respectivement compétents en matière de législation fédérale, sous la forme d'une loi fédérale. [2]Les dispositions régissant l'administration fédérale s'appliquent par analogie aux accords administratifs.

ART. 60 **[Nomination et révocation des juges fédéraux, des fonctionnaires fédéraux et des militaires, droit de grâce].** – *(1)* Le président fédéral nomme et révoque les juges fédéraux, les fonctionnaires fédéraux, les officiers et les sous-officiers, sauf disposition légale contraire. – *(2)* Il exerce au nom de la Fédération le droit de grâce dans les cas individuels. – *(3)* Il peut déléguer ces pouvoirs à d'autres autorités. – *(4)* L'art. 46, al. 2 à 4 s'applique par analogie au président fédéral.

ART. 61 **[Mise en accusation devant la Cour constitutionnelle fédérale].** – *(1)* [1]Le Bundestag ou le Bundesrat peut mettre le président fédéral en accusation devant la Cour constitutionnelle fédérale pour violation délibérée de la Loi fondamentale ou d'une autre loi fédérale. [2]La demande de mise en accusation doit être présentée par un quart au moins des membres du Bundestag ou un quart des voix du Bundesrat. [3]La décision de mise en accusation doit être prise à la majorité des deux tiers des membres du Bundestag ou des deux tiers des voix du Bundesrat. [4]L'accusation est soutenue par un représentant de l'organe qui accuse. – *(2)* [1]Si la Cour constitutionnelle fédérale constate que le président fédéral s'est rendu coupable d'une violation délibérée de la Loi fondamentale ou d'une autre loi fédérale, elle peut le déclarer déchu de ses fonctions. [2]Par une ordonnance provisoire elle peut, après la mise en accusation, décider qu'il est empêché d'exercer ses fonctions.

6. Le gouvernement fédéral

ART. 62 **[Composition].** – Le gouvernement fédéral se compose du chancelier fédéral et des ministres fédéraux.

ART. 63 **[Élection et nomination du chancelier].** – *(1)* Le chancelier fédéral est élu sans débat par le Bundestag sur proposition du président fédéral. – *(2)* [1]Est élu celui qui réunit sur son nom les voix de la majorité des membres du Bundestag. [2]L'élu doit être nommé par le président fédéral. – *(3)* Si le candidat proposé n'est pas élu, le Bundestag peut élire un chancelier fédéral à la majorité de ses membres dans les quatorze jours qui suivent le scrutin. – *(4)* [1]À défaut d'élection dans ce délai, il est procédé immédiatement à un nouveau tour de scrutin, à l'issue duquel est élu celui qui obtient le plus grand nombre de voix. [2]Si l'élu réunit sur son nom les voix de la majorité des membres du Bundestag, le président fédéral doit le nommer dans les sept jours qui suivent l'élection. [3]Si l'élu n'atteint pas cette majorité, le président fédéral doit, soit le nommer dans les sept jours, soit dissoudre le Bundestag.

ART. 64 **[Nomination et révocation des ministres fédéraux].** – *(1)* Les ministres fédéraux sont nommés et révoqués par le président fédéral sur proposition du chancelier. (…).

ART. 65 **[Attributions au sein du gouvernement fédéral].** – [1]Le chancelier fédéral fixe les grandes orientations de la politique et en assume la responsabilité. [2]Dans le cadre de ces grandes orientations, chaque ministre fédéral dirige son département de façon autonome et sous sa propre responsabilité. [3]Le gouvernement fédéral tranche les divergences d'opinion entre les ministres fédéraux. [4]Le chancelier fédéral dirige les affaires du gouvernement selon un règlement intérieur adopté par le gouvernement fédéral et approuvé par le président fédéral.

ART. 65 *a* **[Autorité et commandement sur les forces armées]** Le ministre fédéral de la Défense exerce l'autorité et le commandement sur les forces armées.

ART. 66 **[Incompatibilités]**. – Le chancelier fédéral et les ministres fédéraux ne peuvent exercer aucune autre fonction publique rémunérée, aucune profession industrielle et commerciale ni aucun métier, et ils ne peuvent faire partie ni de la direction ni, sauf approbation du Bundestag, du conseil d'administration d'une entreprise poursuivant des buts lucratifs.

ART. 67 **[Motion de défiance constructive]**. – *(1)* [1]Le Bundestag ne peut exprimer sa défiance envers le chancelier fédéral qu'en élisant un successeur à la majorité de ses membres et en demandant au président fédéral de révoquer le chancelier fédéral. [2]Le président fédéral doit faire droit à la demande et nommer l'élu. – *(2)* Quarante-huit heures doivent s'écouler entre le dépôt de la motion et l'élection.

ART. 68 **[Motion de confiance, dissolution du Bundestag]**. – *(1)* [1]Si une motion de confiance proposée par le chancelier fédéral n'obtient pas l'approbation de la majorité des membres du Bundestag, le président fédéral peut, sur proposition du chancelier fédéral, dissoudre le Bundestag dans les vingt et un jours. [2]Le droit de dissolution s'éteint dès que le Bundestag a élu un autre chancelier fédéral à la majorité de ses membres. – *(2)* Quarante-huit heures doivent s'écouler entre le dépôt de la motion et le vote.

ART. 69 **[Suppléant du chancelier, durée des fonctions des membres du gouvernement]**. – *(1)* Le chancelier fédéral désigne comme suppléant un ministre fédéral. – *(2)* Les fonctions du chancelier fédéral ou d'un ministre fédéral prennent toujours fin avec la réunion d'un nouveau Bundestag ; les fonctions d'un ministre fédéral prennent également fin avec toute autre vacance des fonctions de chancelier fédéral. – *(3)* Le chancelier fédéral, à la requête du président fédéral, ou un ministre fédéral, à la requête du chancelier fédéral ou du président fédéral, est tenu de continuer à gérer les affaires jusqu'à la nomination de son successeur.

7. La législation de la fédération

ART. 70 **[Répartitions des compétences législatives entre la Fédération et les Länder]**. – *(1)* Les Länder ont le droit de légiférer dans les cas où la présente Loi fondamentale ne confère pas à la Fédération des pouvoirs de légiférer. – *(2)* La délimitation des compétences de la

Fédération et des Länder s'effectue selon les dispositions de la présente Loi fondamentale relatives aux compétences législatives exclusives et concurrentes.

ART. 71 **[Compétence législative exclusive de la Fédération, notion].** – Dans le domaine de la compétence législative exclusive de la Fédération, les Länder n'ont le pouvoir de légiférer que si une loi fédérale les y autorise expressément et dans la mesure prévue par cette loi.

ART. 72 **[Compétence législative concurrente de la Fédération, notion].** – *(1)* Dans le domaine de la compétence législative concurrente, les Länder ont le pouvoir de légiférer aussi longtemps et pour autant que la Fédération n'a pas fait par une loi usage de sa compétence législative. – *(2)* Dans les domaines de l'art. 74, al. 1, n°s 4, 7, 11, 13, 15, 19 *a*, 20, 22, 25 et 26, la Fédération a le droit de légiférer lorsque et pour autant que la réalisation de conditions de vie équivalentes sur le territoire fédéral ou la sauvegarde de l'unité juridique ou économique dans l'intérêt de l'ensemble de l'État rendent nécessaire une réglementation législative fédérale. – *(3)* [1]Lorsque la Fédération a fait usage de sa compétence de législation, les Länder peuvent adopter des dispositions législatives qui s'en écartent en matière de : 1. chasse (sauf le droit des permis de chasse) ; 2. protection de la nature et conservation des sites (sauf les principes généraux du droit de la protection de la nature, le droit de la protection des espèces ou celui des espaces naturels marins) ; 3. répartition des terres ; 4. aménagement du territoire ; 5. régime des eaux (sauf les règles relatives aux substances et aux installations) ; 6. admission aux établissements d'enseignement supérieur et diplômes terminaux d'enseignement supérieur. [2]Les lois fédérales dans ces domaines entrent en vigueur au plus tôt six mois après leur promulgation, sauf s'il en est disposé autrement avec l'approbation du Bundesrat. [3]Pour ce qui concerne le rapport entre droit fédéral et droit de Land dans les matières de la première phrase, la loi la plus récente l'emporte. – *(4)* Une loi fédérale peut décider qu'une réglementation législative fédérale pour laquelle il n'existe plus de nécessité au sens de l'al. 2 peut être remplacée par du droit de Land.

ART. 73 **[Compétence législative exclusive de la Fédération, liste des matières].** – *(1)* La Fédération a la compétence législative exclusive dans les matières ci-dessous : 1) affaires étrangères ainsi que défense, y compris la protection de la population civile ; 2) nationalité dans la Fédération ; 3) liberté de circulation et d'établissement, régime des passeports, déclarations de domicile et cartes d'identité, immigration et émigration, et extradition ; 4) monnaie, papier-monnaie et monnaie métallique, poids et mesures ainsi que définition légale du temps ; 5) unité du territoire douanier et commercial, traités de commerce et de navigation, libre circulation des marchandises, échanges commerciaux et monétaires avec l'étranger, y compris la police des douanes et des frontières ; 5a) protection du patrimoine culturel allemand contre son transfert à l'étranger ; 6) navigation aérienne ; 6a) transport sur des chemins de fer appartenant en totalité ou en majorité à la Fédération (chemins de fer de la Fédération), construction, entretien et exploitation des voies ferrées des chemins de fer de la Fédération ainsi que perception de redevances pour l'utilisation de ces voies ferrées ; 7) postes et télécommunications ; 8) statut des personnels au service de la Fédération et des collectivités de droit public dépendant directement de la Fédération ; 9) concurrence et protection de la propriété industrielle, droits d'auteur et droits d'édition ; 9a) prévention des dangers du terrorisme international au moyen de l'Office fédéral de police criminelle, lorsqu'il y a danger menaçant plusieurs Länder, que la compétence d'une autorité de police de Land n'apparaît pas clairement ou qu'une autorité administrative suprême de Land demande la prise en charge ; 10) coopération de la Fédération et des Länder : *a)* en matière de police criminelle, *b)* pour protéger l'ordre constitutionnel libéral et démocratique, l'existence et la sécurité de la Fédération ou d'un Land (protection de la constitution), et *c)* pour protéger contre des menées sur le territoire fédéral qui, par l'emploi de la force ou des préparatifs en ce sens, mettent en danger les intérêts extérieurs de la République fédérale d'Allemagne, ainsi que création d'un office fédéral de police criminelle et répression internationale de la criminalité ; 11) statistique à finalité fédérale ; 12) législation des armes et des explosifs ; 13) pensions des mutilés de guerre et des familles de victimes de guerre et assistance aux anciens prisonniers de guerre ; 14) production et utilisation de l'énergie nucléaire à des fins pacifiques, construction et exploitation d'installations servant à ces fins, protection contre les dangers occasionnés par la libération d'énergie nucléaire ou par des radiations ionisantes, et élimination des substances radioactives ; – *(2)* Les lois prévues à l'al. 1er, no 9a, requièrent l'approbation du Bundesrat.

ART. 74 **[Compétence législative concurrente de la Fédération, liste des matières].** – *(1)* La compétence législative concurrente s'étend aux domaines ci-dessous : 1) droit civil, droit pénal, organisation judiciaire, procédure judiciaire (sauf le droit de la détention provisoire), barreau, notariat et activité de conseil juridique ; 2) état civil ; 3) droit des associations ; 4) droit de séjour et d'établissement des étrangers ; (...) 6) affaires concernant les réfugiés et expulsés ; 7) assistance sociale (sauf le droit des hospices) ; (...) 9) dommages de guerre et réparations ; 10) sépultures de guerre et sépultures des autres victimes de la guerre et victimes de la tyrannie ; 11) droit économique (mines, industrie, économie de l'énergie, artisanat, professions industrielles et commerciales, banque et bourse, assurances de droit privé), sauf le droit des horaires de fermeture des magasins, de la restauration, des maisons de jeu, des spectacles de personnes, des foires, des expositions et des marchés ; 12) droit du travail, y compris les relations au sein de l'entreprise, la protection des travailleurs et le placement, ainsi que sécurité sociale, y compris l'assurance chômage ; 13) réglementation des allocations de formation et promotion de la recherche scientifique ; 14) droit de l'expropriation en tant qu'il s'applique aux matières visées aux art. 73 et 74 ; 15) placement du sol, des ressources naturelles et des moyens de production, sous un régime de propriété collective ou d'autres formes de gestion collective ; 16) prévention des abus de puissance économique ; 17) promotion de la production agricole et forestière (sauf le droit du remembrement), sécurité du ravitaillement, importation et exportation de produits agricoles et forestiers, pêche hauturière et pêche côtière, et protection des côtes ; 18) mutations des biens fonciers urbains, droit relatif à l'occupation des sols (sauf le droit des redevances de viabilisation) et droit des allocations de logement, droit des anciennes obligations de la RDA, droit des primes à la construction, droit des aides à la construction de logements des travailleurs des mines et droit des lotissements miniers ; 19) mesures contre les maladies humaines et animales constituant un danger public ou à caractère transmissible, admission aux professions médicales et paramédicales et aux activités thérapeutiques à caractère commercial, ainsi que droit de la pharmacie, des médicaments, des remèdes médicaux, des traitements thérapeutiques, des stupéfiants et produits toxiques ; 19a) financement des hôpitaux et tarification des soins hospitaliers ; 20) droit des produits alimentaires y compris des animaux servant à leur obtention, droit des produits d'agrément, des produits d'usage courant, des aliments pour animaux, ainsi que protection des semences et plants agricoles et forestiers lors de leur mise en circulation, protection des plantes contre les maladies et les parasites, ainsi que protection des animaux ; 21) navigation hauturière et cabotage, ainsi que la signalisation maritime, navigation intérieure, service météorologique, voies navigables maritimes et voies navigables intérieures servant au trafic public ; 22) circulation routière, véhicules automobiles, construction et entretien de routes pour le trafic à grande distance, ainsi que perception et répartition des taxes ou rémunérations pour l'utilisation de voies publiques par des véhicules ; 23) chemins de fer autres que les chemins de fer de la Fédération, à l'exception des chemins de fer de montagne ; 24) traitement des déchets, maintien de la pureté de l'air, lutte contre le bruit (sauf bruit d'origine comportementale) ; 25) responsabilité de la puissance publique ; 26) procréation humaine médicalement assistée, relevé et manipulation des informations génétiques ainsi que règles relatives à la transplantation d'organes, de tissus et de cellules ; 27) droits et obligations statutaires des fonctionnaires des Länder, communes et autres collectivités publiques, ainsi que des juges dans les Länder, à l'exception des carrières, traitements et pensions ; 28) chasse ; 29) protection de la nature et conservation des sites ; 30) répartition des terres ; 31) aménagement du territoire ; 32) régime des eaux ; 33) admission aux établissements d'enseignement supérieur et diplômes terminaux d'enseignement supérieur. – *(2)* Les lois prises en application de l'al. 1er, nos 25 et 27 requièrent l'approbation du Bundesrat.

ART. 76 **[Projets de loi].** – *(1)* Les projets de loi sont déposés au Bundestag par le gouvernement fédéral, par des membres du Bundestag ou par le Bundesrat. – *(2)* [1]Les projets du gouvernement fédéral sont d'abord soumis au Bundesrat. [2]Le Bundesrat a le droit de prendre position sur ces projets dans un délai de six semaines. [3]S'il demande une prolongation du délai pour un motif important, tenant notamment à l'ampleur d'un projet, le délai est de neuf semaines. [4]Même s'il n'a pas encore reçu la position du Bundesrat, le gouvernement fédéral peut transmettre au Bundestag après trois semaines un projet qu'il a exceptionnellement qualifié de particulièrement urgent lors de sa transmission au Bundesrat, ou après six semaines lorsque le Bundesrat a formulé la demande prévue à la troisième phrase ; il doit faire parvenir la position du Bundesrat au Bundestag sans délai après réception. [5]Pour les projets de modification de la présente Loi fondamentale ou de transfert de droits de souveraineté selon les art. 23 ou 24, le délai pour prendre position est de neuf semaines ; la quatrième phrase n'est pas applicable. – *(3)* [1]Les projets du Bundesrat sont soumis dans les six semaines au Bundestag par le gouvernement fédéral. [2]À cette occasion, le gouvernement fédéral doit normalement exprimer son point de vue. [3]S'il demande une prolongation des délais pour un motif important, tenant notamment à l'ampleur d'un projet, le délai est de neuf semaines. [4]Lorsque, exceptionnellement, le Bundesrat a qualifié un projet de particulièrement urgent, le délai est de trois semaines, ou de six semaines lorsque le gouvernement fédéral a formulé la demande prévue à la troisième phrase. [5]Pour les projets de modification de la présente Loi fondamentale ou de transfert de droits de souveraineté selon les art. 23 ou 24, le délai est de neuf semaines ; la quatrième phrase n'est pas applicable. [6]Le Bundestag doit discuter des projets et se prononcer dans un délai raisonnable.

ART. 77 **[Procédure législative].** – *(1)* [1]Les lois fédérales sont adoptées par le Bundestag. [2]Après leur adoption, le président du Bundestag les transmet sans délai au Bundesrat. – *(2)* [1]Dans les trois semaines qui suivent la réception du texte de loi adopté, le Bundesrat peut demander la convocation d'une commission formée de membres du Bundestag et du Bundesrat en vue de la discussion commune de textes. [2]La composition et la procédure de cette commission sont fixées par un règlement intérieur adopté par le Bundestag et qui requiert l'approbation du Bundesrat. [3]Les membres du Bundesrat délégués dans cette commission ne sont pas liés par des instructions. [4]Lorsque l'approbation du Bundesrat est requise pour une loi, le Bundestag et le gouvernement fédéral peuvent également demander la convocation de la commission. [5]Si la commission propose une modification du texte de loi adopté, le Bundestag doit se prononcer à nouveau. – *(2 a)* Si une loi requiert l'approbation du Bundesrat et qu'une demande selon l'al. 2, 1re phrase, n'a pas été formulée ou que la procédure de conciliation s'est achevée sans proposition de modification du texte de loi adopté, le Bundesrat doit se prononcer sur l'approbation dans un délai raisonnable. – *(3)* [1]Si une loi ne requiert pas l'approbation du Bundesrat, celui-ci peut faire opposition dans un délai de deux semaines à une loi adoptée par le Bundestag, dès que la procédure prévue à l'al. 2 est achevée. [2]Dans le cas prévu à l'al. 2, dernière phrase, le délai d'opposition court à compter de la réception du texte de loi adopté de nouveau par le Bundestag et, dans tous les autres cas, de la réception de la communication du président de la commission prévue à l'al. 2, selon laquelle la procédure devant la commission est terminée. – *(4)* [1]Si l'opposition est votée à la majorité des voix du Bundesrat, elle peut être levée par une délibération prise à la majorité des membres du Bundestag. [2]Si le Bundesrat a voté l'opposition à une majorité des deux tiers au moins de ses voix, la levée de l'opposition par le Bundestag requiert une majorité des deux tiers et, au moins, la majorité des membres du Bundestag.

ART. 78 **[Adoption définitive de la loi].** – Une loi adoptée par le Bundestag l'est définitivement si le Bundesrat l'approuve, s'il ne fait pas la demande prévue à l'art. 77, al. 2, s'il ne fait pas opposition dans le délai prévu à l'art. 77, al. 3, ou s'il retire cette opposition, ou si elle est levée par un vote du Bundestag.

ART. 79 **[Modifications de la Loi fondamentale].** – *(1)* [1]La Loi fondamentale ne peut être modifiée que par une loi qui en modifie ou en complète expressément le texte. [2]En ce qui concerne les traités internationaux ayant pour objet un règlement de paix, la préparation d'un règlement de paix ou l'abolition d'un régime d'occupation, ou qui sont destinés à servir la défense de la République fédérale, il suffit, pour mettre au clair que les dispositions de la Loi fondamentale ne font pas obstacle à la conclusion et à la mise en vigueur des traités, d'un supplément au texte de la Loi fondamentale qui se limite à cette clarification. – *(2)* Une telle loi doit être approuvée par les deux tiers des membres du Bundestag et les deux tiers des voix du Bundesrat. – *(3)* Toute modification de la présente Loi fondamentale qui toucherait à l'organisation de la Fédération en Länder, au principe du concours des Länder à la législation ou aux principes énoncés aux art. 1er et 20, est interdite.

ART. 80 **[Édiction des règlements].** – *(1)* [1]Le gouvernement fédéral, un ministre fédéral ou les gouvernements des Länder peuvent être autorisés par la loi à édicter des règlements. [2]Cette loi doit déterminer le contenu, le but et l'étendue de l'autorisation accordée. [3]Le règlement doit mentionner son fondement juridique. [4]S'il est prévu dans une loi qu'une autorisation peut être subdéléguée, un règlement est nécessaire pour la délégation de l'autorisation. – *(2)* Sont soumis à l'approbation du Bundesrat, sauf disposition contraire de la loi fédérale, les règlements du gouvernement fédéral ou d'un ministre fédéral relatifs aux principes et aux tarifs d'utilisation des installations des postes et télécommunications, aux principes de la perception de la redevance pour l'utilisation des installations des chemins de fer de la Fédération, à la construction et à l'exploitation des chemins de fer, ainsi que les règlements qui sont pris en vertu de lois fédérales soumises à l'approbation du Bundesrat ou dont les Länder assurent l'exécution par délégation de la Fédération ou à titre de compétence propre. – *(3)* Le Bundesrat peut soumettre au gouvernement fédéral des propositions pour l'édiction de règlements requérant son approbation. – *(4)* Lorsque les gouvernements des Länder sont autorisés à édicter des règlements par une loi fédérale ou en vertu de lois fédérales, les Länder peuvent également réglementer par une loi.

ART. 80 *a* **[Application des règles de droit pour l'état de tension]** *(1)* [1]Si la présente Loi fondamentale ou une loi fédérale relative à la défense, y compris la protection de la population civile, spécifie que des règles de droit peuvent être appliquées seulement dans les conditions du présent article, l'application en dehors de l'état de défense n'est permise que si le Bundestag a constaté la survenance de l'état de tension ou s'il a approuvé expressément cette application. [2]La constatation de l'état de tension et l'approbation expresse, dans les cas visés à l'art. 12 *a*, al. 5, 1re phrase et al. 6, 2e phrase, requièrent une majorité des deux tiers des suffrages exprimés. – *(2)* Les mesures prises en vertu des règles de droit visées à l'al. 1er doivent être rapportées si le Bundestag l'exige. – *(3)* [1]Par dérogation à l'al. 1er, l'application de telles règles de droit est également permise sur le fondement et dans les conditions d'une décision prise par un organe international dans le cadre d'un traité d'alliance, avec l'accord du gouvernement fédéral. [2]Les mesures prises en vertu du présent alinéa doivent être rapportées si le Bundestag l'exige à la majorité de ses membres.

ART. 81 **[État de nécessité législative]**. – *(1)* [1]Si, dans le cas prévu à l'art. 68, le Bundestag n'est pas dissous, le président fédéral peut à la demande du gouvernement fédéral et avec l'approbation du Bundesrat, déclarer l'état de nécessité législative à propos d'un projet de loi que rejette le Bundestag bien que le gouvernement fédéral l'ait déclaré urgent. [2]Il en est de même lorsqu'un projet de loi a été rejeté bien que le chancelier fédéral y ait lié la demande prévue à l'art. 68. – *(2)* [1]Si, après déclaration de l'état de nécessité législative, le Bundestag rejette à nouveau le projet ou s'il l'adopte dans une rédaction que le gouvernement fédéral a déclaré inacceptable, la loi est considérée comme définitivement adoptée dans la mesure où le Bundesrat l'approuve. [2]Il en est de même si le projet n'est pas voté par le Bundestag dans un délai de quatre semaines après un nouveau dépôt. – *(3)* [1]Pendant la durée des fonctions d'un chancelier fédéral, tout autre projet de loi rejeté par le Bundestag peut également être adopté selon les dispositions des al. 1er et 2 dans un délai de six mois à compter de la première déclaration de l'état de nécessité législative. [2]À l'expiration de ce délai, l'état de nécessité législative ne pourra pas être déclaré une seconde fois pendant la durée des fonctions du même chancelier fédéral. – *(4)* La Loi fondamentale ne peut être ni modifiée, ni abrogée, ni suspendue, en totalité ou en partie, par une loi définitivement adoptée en application de l'al. 2.

ART. 82 **[Signature, promulgation et entrée en vigueur des lois et règlements]**. – [1]Les lois définitivement adoptées conformément aux dispositions de la présente Loi fondamentale sont, après contreseing, signées par le président fédéral et promulguées au *Journal officiel* fédéral. [2]Les règlements sont signés par l'autorité qui les édicte et promulgués au *Journal officiel* fédéral, sauf disposition contraire de la loi.

8. **L'exécution des lois fédérales et l'administration fédérale**

ART. 83 **[Répartition des compétences entre la Fédération et les Länder].** – Sauf disposition contraire prévue ou admise par la présente Loi fondamentale, les Länder exécutent les lois fédérales à titre de compétence propre. (...)

8 *a*. **Les tâches communes**

ART. 91 *a* **[Concours de la Fédération sur la base de lois fédérales].** – *(1)* La Fédération concourt à l'accomplissement des tâches des Länder dans les domaines suivants, si ces tâches sont importantes pour l'ensemble et si ce concours de la Fédération est nécessaire à l'amélioration des conditions de vie (tâches communes) : 1) amélioration de la structure économique régionale, 2) amélioration des structures agricoles et de la protection des côtes. – *(2)* Une loi fédérale soumise à l'approbation du Bundesrat définira plus précisément les tâches communes ainsi que les détails de la coordination. – *(3)* [1]La Fédération supporte la moitié des dépenses dans chaque Land, dans les cas visés à l'al. 1er, nº 1. [2]Dans les cas visés à l'al. 1er, nº 2, la Fédération en supporte au moins la moitié ; la participation doit être fixée de façon uniforme pour tous les Länder. [3]Les modalités sont réglées par la loi. [4]La disponibilité des crédits reste subordonnée à l'inscription aux budgets de la Fédération et des Länder.

ART. 91 *b* **[Coopération de la Fédération et des Länder sur la base de conventions].** – *(1)* Sur le fondement des conventions, la Fédération et les Länder peuvent coopérer dans les cas d'intérêt suprarégional pour promouvoir la science, la recherche et l'enseignement. Les conventions qui concernent essentiellement les établissements d'enseignement supérieur requièrent l'approbation de tous les Länder. Cela ne vaut pas pour les conventions relatives aux bâtiments pour la recherche, grands équipements compris. – *(2)* Sur le fondement de conventions, la Fédération et les Länder peuvent coopérer en vue de la détermination de l'efficacité de l'enseignement dans une comparaison internationale et pour les rapports et recommandations qui ont cet objet. – *(3)* La prise en charge des coûts sera réglée dans la convention. (...).

9. **Le pouvoir judiciaire**

ART. 92 **[Organisation judiciaire].** – Le pouvoir de rendre la justice est confié aux juges ; il est exercé par la Cour constitutionnelle fédérale, par les cours fédérales prévues par la présente Loi fondamentale et par les tribunaux des Länder.

ART. 93 **[Compétences de la Cour constitutionnelle fédérale].** – *(1)* La Cour constitutionnelle fédérale statue : 1) sur l'interprétation de la présente Loi fondamentale, à l'occasion de litiges sur l'étendue des droits et obligations d'un organe fédéral suprême ou d'autres parties investies de droits propres, soit par la présente Loi fondamentale, soit par le règlement intérieur d'un organe fédéral suprême ; 2) en cas de divergences d'opinion ou de doutes sur la compatibilité formelle et matérielle, soit du droit fédéral ou du droit d'un Land avec la présente Loi fondamentale, soit du droit d'un Land avec toute autre règle du droit fédéral, sur demande du gouvernement fédéral, d'un gouvernement de Land, d'un quart des membres du Bundestag ; 2a) en cas de divergences d'opinion sur le point de savoir si une loi satisfait aux conditions de l'art. 72, al. 2, sur demande du Bundesrat, d'un gouvernement de Land ou de la représentation du peuple d'un Land ; 3) en cas de divergences d'opinion sur les droits et obligations de la Fédération et des Länder, notamment en ce qui concerne l'exécution par les Länder du droit fédéral et l'exercice du contrôle fédéral ; 4) sur les autres litiges de droit public entre la Fédération et les Länder, entre différents Länder ou à l'intérieur d'un Land, lorsqu'ils ne sont justiciables d'aucune autre voie de recours juridictionnel ; 4a) sur les recours constitutionnels qui peuvent être formés par quiconque estime avoir été lésé par la puissance publique dans l'un de ses droits fondamentaux ou dans l'un de ses droits garantis par les art. 20, al. 4, 33, 38, 101, 103 et 104 ; 4b) sur les recours constitutionnels des communes et des groupements de communes, pour violation par une loi du droit d'autoadministration prévu par l'art. 28, à condition toutefois, s'il s'agit d'une loi de Land, qu'aucun recours ne puisse être introduit devant le tribunal constitutionnel dudit Land ; 4c) sur les recours d'associations dirigés contre le refus de leur reconnaître la qualité de parti en vue des élections au Bundestag ; 5) dans les autres cas prévus par la présente Loi fondamentale. – *(2)* [1]La Cour constitutionnelle fédérale statue en outre à la demande du Bundesrat, d'un gouvernement de Land ou de la représentation du peuple d'un Land si, dans le cas de l'art. 72, al. 4, la nécessité d'une règle législative fédérale selon l'art. 72, al. 2 n'existe plus ou si, dans le cas de l'art. 125a, al. 2, phrase 1, il ne pourrait plus être édicté de droit fédéral. [2]La constatation que la nécessité a disparu ou que du droit fédéral ne pourrait plus être édicté, tient lieu de loi fédérale au sens de l'art. 72, al. 4 ou de l'art. 125a, al. 2, phrase 1. [3]La demande prévue à la phrase 1 n'est recevable que lorsqu'un projet de loi selon l'art. 72, al. 4 ou l'art. 125a, al. 2, phrase 2, a été rejeté par le Bundestag ou n'a pas été délibéré ni adopté dans le délai d'une année, ou qu'un tel projet de loi a été rejeté au Bundesrat. – *(3)* La Cour constitutionnelle fédérale intervient en outre dans les autres cas où une loi fédérale lui attribue compétence.

ART. 94 **[Composition de la Cour constitutionnelle fédérale].** – *(1)* [1]La Cour constitutionnelle fédérale se compose de juges fédéraux et d'autres membres. [2]Les membres de la Cour constitutionnelle fédérale sont élus pour moitié par le Bundestag et pour moitié par le Bundesrat. [3]Ils ne peuvent appartenir ni au Bundestag, ni au Bundesrat, ni au gouvernement fédéral, ni aux organes correspondants d'un Land. – *(2)* [1]Une loi fédérale règle son organisation ainsi que sa procédure et détermine les cas dans lesquels ses décisions ont force de loi. [2]Elle peut imposer l'épuisement préalable des voies de recours juridictionnel comme condition du recours constitutionnel et prévoir une procédure particulière d'admission.

ART. 95 **[Cours suprêmes de la Fédération, chambre commune].** – *(1)* Dans les domaines de la juridiction ordinaire, de la juridiction administrative, de la juridiction financière, de la juridiction du travail et de la juridiction sociale, la Fédération institue en tant que Cours suprêmes la Cour fédérale de justice, la Cour fédérale administrative, la Cour fédérale des finances, la Cour fédérale du travail et la Cour fédérale du contentieux social. – *(2)* Les juges de ces Cours suprêmes sont nommés par le ministre fédéral compétent pour la matière considérée, conjointement avec une commission chargée de l'élection des juges, composée des ministres des Länder compétents pour la matière considérée et d'un nombre égal de membres élus par le Bundestag. – *(3)* [1]Une chambre commune aux Cours suprêmes mentionnées à l'al. 1er sera instituée en vue de sauvegarder l'unité de la jurisprudence. [2]Les modalités sont réglées par une loi fédérale (…).

ART. 97 **[Indépendance des juges].** – *(1)* Les juges sont indépendants et ne sont soumis qu'à la loi. – *(2)* [1]Les juges nommés définitivement à titre principal dans un emploi permanent ne peuvent, avant l'expiration de leurs fonctions et contre leur gré, être révoqués, suspendus définitivement ou temporairement de leurs fonctions, mutés à un autre emploi ou mis à la retraite qu'en vertu d'une décision de justice, et uniquement pour les motifs et dans les formes prévus par la loi. [2]La législation peut fixer les limites d'âge auxquelles les juges nommés à vie sont admis à faire valoir leurs droits à la retraite (…).

ART. 98 **[Statut des juges dans la Fédération et les Länder].** – *(1)* Le statut des juges fédéraux doit être réglé par une loi fédérale spéciale. – *(2)* [1]Si, dans l'exercice de ses fonctions ou en dehors de cellesci, un juge fédéral contrevient aux principes de la Loi fondamentale ou à l'ordre constitutionnel d'un Land, la Cour constitutionnelle fédérale peut, à la demande du Bundestag et à la majorité des deux tiers, ordonner la mutation du juge à d'autres fonctions ou sa mise à la retraite. [2]Si le juge y contrevient intentionnellement, la révocation peut être prononcée. – *(3)* [1]Le statut des juges des Länder est fixé par des lois spéciales de Land, dans la mesure où l'art. 74, al. 1, n° 27 n'en dispose pas autrement. – *(4)* Les Länder peuvent décider que la nomination des juges des Länder appartient au ministre de la Justice du Land conjointement avec une commission chargée de l'élection des juges. – *(5)* [1]Les Länder peuvent adopter pour les juges des Länder une réglementation correspondant à celle prévue à l'al. 2 ci-dessus. [2]Le droit constitutionnel des Länder n'est pas affecté par ce qui précède. [3]La Cour constitutionnelle fédérale statue sur les accusations de violation de la constitution portées contre les juges.

ART. 99 **[Jugement par la Cour constitutionnelle fédérale et les Cours suprêmes de la Fédération de litiges régis par le droit d'un Land].** – Une loi de Land peut attribuer à la Cour constitutionnelle fédérale le jugement de litiges constitutionnels internes au Land et aux Cours suprêmes mentionnées à l'art. 95, al. 1er le jugement en dernière instance d'affaires dans lesquelles le droit de Land est applicable.

ART. 100 **[Contrôle concret des normes].** – *(1)* [1]Si un tribunal estime qu'une loi dont la validité conditionne sa décision est inconstitutionnelle, il doit surseoir à statuer et soumettre la question à la décision du tribunal compétent pour les litiges constitutionnels du Land s'il s'agit de la violation de la constitution d'un Land, à la décision de la Cour constitutionnelle fédérale s'il s'agit de la violation de la présente Loi fondamentale. [2]Il en est de même s'il s'agit de la violation de la présente Loi fondamentale par le droit d'un Land ou de l'incompatibilité d'une loi de Land avec une loi fédérale. – *(2)* Si, au cours d'un litige, il y a doute sur le point de savoir si une règle de droit international public fait partie intégrante du droit fédéral et si elle crée directement des droits et obligations pour les individus (art. 25), le tribunal doit soumettre la question à la décision de la Cour constitutionnelle fédérale. – *(3)* Si, lors de l'interprétation de la Loi fondamentale, le tribunal constitutionnel d'un Land entend s'écarter d'une décision de la Cour constitutionnelle fédérale ou du tribunal constitutionnel d'un autre Land, il doit soumettre la question à la décision de la Cour constitutionnelle fédérale.

ART. 101 **[Interdiction de tribunaux d'exception].** – *(1)* [1]Les tribunaux d'exception sont interdits. [2]Nul ne doit être soustrait à son juge légal. – *(2)* Seule la loi peut créer des tribunaux pour des matières spéciales.

ART. 102 **[Abolition de la peine de mort].** – La peine de mort est abolie.

ART. 103 **[Droit à être entendu, interdiction des lois pénales rétroactives et du cumul des peines].** – *(1)* Devant les tribunaux, chacun a le droit d'être entendu. – *(2)* Un acte n'est passible d'une peine que s'il était punissable selon la loi en vigueur avant qu'il ait été commis. – *(3)* Nul ne peut être puni plusieurs fois pour le même acte en vertu du droit pénal commun.

ART. 104 **[Garanties juridiques en cas de détention].** – *(1)* [1]La liberté de la personne ne peut être restreinte qu'en vertu d'une loi formelle et dans le respect des formes qui y sont prescrites. [2]Les personnes arrêtées ne doivent être maltraitées ni moralement, ni physiquement. – *(2)* [1]Seul le juge peut se prononcer sur le caractère licite et sur la prolongation d'une privation de liberté. [2]Pour toute privation de liberté non ordonnée par le juge, une décision juridictionnelle devra être provoquée sans délai. [3]La police ne peut, de sa propre autorité, détenir quelqu'un sous sa garde au-delà du jour qui suit son arrestation. [4]Les modalités devront être réglées par la loi. – *(3)* [1]Toute personne soupçonnée d'avoir commis une infraction pénale et provisoirement détenue pour cette raison doit être conduite, au plus tard le lendemain de son arrestation, devant un juge qui doit lui notifier les motifs de l'arrestation, l'interroger et lui donner la possibilité de formuler ses objections. [2]Le juge doit sans délai, soit délivrer un mandat d'arrêt écrit et motivé, soit ordonner la mise en liberté. – *(4)* Toute décision juridictionnelle ordonnant ou prolongeant une privation de liberté doit être portée sans délai à la connaissance d'un parent de la personne détenue ou d'une personne jouissant de sa confiance.

(…)

ART. 109 **[Politique budgétaire de la Fédération et des Länder].** – *(1)* La Fédération et les Länder sont autonomes et indépendants les uns des autres dans leur gestion budgétaire. – *(2)* La Fédération et les Länder accomplissent ensemble les obligations de la République fédérale d'Allemagne qui résultent des actes juridiques de la Communauté européenne pris sur le fondement de l'art. 104 du traité créant la Communauté européenne en vue de respecter la discipline budgétaire et dans ce cadre ils tiennent compte des exigences de l'équilibre de l'ensemble de l'économie. – *(3)* Les budgets de la Fédération et des Länder doivent être par principe équilibrés sans les recettes provenant des emprunts. La Fédération et les Länder peuvent prévoir des règles tendant à prendre en compte de façon symétrique en période de croissance et de récession les effets d'une évolution anormale de la conjoncture ainsi que des règles exceptionnelles en cas de catastrophe naturelle ou de situations exceptionnelles d'urgence qui échappent au contrôle de l'État et qui compromettent considérablement les finances publiques. Pour les règles exceptionnelles, des règles corrélatives de remboursement doivent être prévues. Pour le budget fédéral, l'art. 115 fixe les modalités de ces règles, étant entendu qu'il est satisfait à la phrase 1 lorsque les recettes provenant des emprunts ne dépassent pas 0,35 pour cent du produit national brut. Pour les budgets des Länder, ceux-ci fixent les règles dans le cadre de leurs compétences constitutionnelles, étant entendu qu'il n'est satisfait à la phrase 1 que si aucune recette provenant d'emprunts n'est admise. (…).

10 *a.* **L'état de défense**

ART. 115 *a* **[Notion et constatation].** – *(1)* [1]Il appartient au Bundestag avec l'approbation du Bundesrat de constater que le territoire fédéral fait l'objet d'une agression armée, ou qu'une telle agression est imminente (état de défense). [2]La constatation est faite à la demande du gouvernement fédéral et requiert la majorité des deux tiers des voix exprimées correspondant au moins à la majorité des membres composant le Bundestag. – *(2)* Si la situation exige impérativement une action immédiate et si par suite d'obstacles insurmontables le Bundestag n'a pu se réunir en temps utile, ou ne peut délibérer faute de quorum, cette constatation sera faite par la commission commune à la majorité des deux tiers des voix exprimées correspondant au moins à la majorité de ses membres. – *(3)* [1]Conformément à l'art. 82, la constatation est promulguée par le président fédéral au *Journal officiel* fédéral. [2]Si cette promulgation ne peut être accomplie en temps voulu, elle intervient sous une autre forme ; elle sera reprise au *Journal officiel* fédéral dès que les circonstances le permettront. – *(4)* [1]Si le territoire fédéral fait l'objet d'une agression armée et que les organes fédéraux compétents sont dans l'impossibilité de constater l'état de défense conformément à l'al. 1er, 1re phrase, cette constatation est réputée avoir été faite et promulguée au moment où l'agression a débuté. [2]Le président fédéral fait connaître cette date dès que les circonstances le permettent. – *(5)* [1]Si la constatation de l'état de défense a été promulguée et que le territoire fédéral fait l'objet d'une agression armée, le président fédéral peut, avec l'approbation du Bundestag, procéder à des déclarations internationales sur l'existence de l'état de défense. [2]Dans les circonstances prévues à l'al. 2, la commission commune se substitue au Bundestag.

ART. 115 *b* **[Transfert au chancelier de l'autorité et du commandement sur les forces armées].** – La promulgation de l'état de défense emporte transfert au chancelier fédéral de l'autorité et du commandement sur les forces armées.

ART. 115 *c* **[Compétence législative élargie de la Fédération]** *(1)* [1]Pendant l'état de défense, la Fédération a la compétence législative concurrente même dans les domaines relevant de la compétence législative des Länder. [2]Ces lois requièrent l'approbation du Bundesrat. – *(2)* Si les circonstances l'exigent pendant l'état de défense, des lois fédérales prises pour l'état de défense peuvent : 1) édicter en matière d'indemnisation pour expropriation une réglementation provisoire dérogeant à l'art. 14, al. 3, 2e phrase ; 2) fixer pour l'application de mesures privatives de liberté un délai dérogeant à l'art. 104, al. 2, 3e phrase et al. 3, 1re phrase, sans toutefois que l'allongement du délai puisse excéder quatre jours, pour le cas où le juge ne pourrait assumer ses fonctions dans le délai prévu pour les circonstances normales. – *(3)* Si cela est nécessaire pour faire échec à une agression en cours ou à une menace imminente d'agression, une loi fédérale prise avec l'approbation du Bundesrat peut, pour l'état de défense, organiser l'administration et les finances de la Fédération et des Länder en dérogation aux sections VIII, VIII *a* et X, sous réserve de sauvegarder, notamment du point de vue financier, les possibilités d'existence des Länder, communes et groupements de communes. – *(4)* Les lois fédérales adoptées en vertu des al. 1 et 2, nº 1 peuvent, pour la préparation de leur exécution, être appliquées dès avant l'entrée en vigueur de l'état de défense.

ART. 115 *d* **[Procédure législative applicable aux projets urgents]** *(1)* La compétence législative de la Fédération s'exerce pendant l'état de défense conformément aux al. 2 et 3, par dérogation aux art. 76, al. 2, art. 77, al. 1er, 2e phrase et al. 2 à 4, 78 et 82, al. 2. – *(2)* [1]Les projets de lois du gouvernement fédéral qui ont été déclarés urgents sont transmis au Bundesrat en même temps qu'ils sont déposés au Bundestag. [2]Le Bundestag et le Bundesrat discutent sur ces projets sans délai et en commun. [3]Si l'adoption définitive d'une loi requiert l'approbation du Bundesrat, celle-ci est donnée à la majorité des voix. [4]Les modalités sont réglées par un règlement intérieur voté par le Bundestag et requérant l'approbation du Bundesrat. – *(3)* Pour la promulgation des lois, l'art. 115 *a*, al. 3, 2e phrase s'applique par analogie.

ART. 115 *e* **[Pouvoirs de la commission commune].** – *(1)* Si, pendant l'état de défense, la commission commune constate à la majorité des deux tiers des voix exprimées, correspondant à la majorité des membres la composant, que des obstacles insurmontables s'opposent à la réunion en temps utile du Bundestag ou que celui-ci ne peut délibérer faute de quorum, la commission commune se substitue au Bundestag et au Bundesrat, et exerce l'ensemble de leurs prérogatives. – *(2)* [1]La loi fondamentale ne peut être ni modifiée ni suspendue ou abrogée en totalité ou en partie par une loi de la commission commune. [2]La commission commune n'a pas compétence pour édicter les lois prévues à l'art. 23, al. 1er, 2e phrase, à l'art. 24, al. 1er ou à l'art. 29.

ART. 115 *f* **[Attribution du gouvernement fédéral].** – *(1)* Le gouvernement fédéral peut, pendant l'état de défense et pour autant que les circonstances l'exigent : 1) engager le corps fédéral de protection des frontières sur l'ensemble du territoire fédéral ; 2) donner des instructions, non seulement à l'administration fédérale, mais aussi aux gouvernements des Länder et, s'il l'estime urgent, aux autorités administratives des Länder, et déléguer ce pouvoir à des membres des gouvernements de Länder désignés par lui. – *(2)* Le Bundestag, le Bundesrat et la commission commune doivent être informés sans délai des mesures prises en vertu de l'al. 1er.

ART. 115 *g* **[Statut de la Cour constitutionnelle fédérale].** – [1]Il ne peut être porté atteinte ni au statut ni à l'exercice des missions constitutionnelles de la Cour constitutionnelle fédérale et de ses juges. [2]La loi relative à la Cour constitutionnelle fédérale ne peut être modifiée par une loi de la commission commune que pour autant que, de l'avis même de la Cour constitutionnelle, cela est nécessaire pour la maintenir en état de remplir ses fonctions. [3]Jusqu'à l'édiction d'une telle loi, la Cour constitutionnelle fédérale peut prendre les mesures nécessaires à son maintien en activité. [4]Les décisions intervenant sur la base des deuxième et troisième phrases sont adoptées par la Cour constitutionnelle fédérale à la majorité des juges présents.

ART. 115 *h* **[Fonctionnement des organes constitutionnels]** *(1)* [1]Les législatures du Bundestag ou des représentations du peuple dans les Länder qui arrivent à échéance pendant l'état de défense prennent fin six mois après la cessation de l'état de défense. [2]Le mandat du président fédéral arrivant à échéance pendant l'état de défense, ainsi que l'exercice de ses pouvoirs par le président du Bundesrat par suite de vacance anticipée des fonctions, prennent fin neuf mois après la cessation de l'état de défense. [3]Le mandat d'un membre de la Cour constitutionnelle fédérale arrivant à échéance pendant l'état de défense prend fin six mois après la cessation de l'état de défense. – *(2)* [1]Si l'élection par la commission commune d'un nouveau chancelier fédéral s'avère nécessaire, celle-ci élit un nouveau chancelier fédéral à la majorité de ses membres ; le président fédéral fait une proposition à la commission commune. [2]La commission commune ne peut exprimer sa défiance envers le chancelier fédéral qu'en élisant un successeur à la majorité des deux tiers de ses membres. – *(3)* La dissolution du Bundestag est exclue pour la durée de l'état de défense.

ART. 115 *i* **[Attributions des gouvernements des Länder].** – *(1)* Lorsque les organes fédéraux compétents sont dans l'impossibilité de prendre les mesures qui s'imposent pour écarter le danger et lorsque la situation exige impérativement une action autonome et immédiate dans certaines parties du territoire fédéral, les gouvernements des Länder ou les autorités désignées par eux, ou leurs délégués, sont habilités à prendre dans leur ressort les mesures envisagées par l'art. 115 *f*, al. 1er. – *(2)* Les mesures prévues à l'al. 1er peuvent à tout moment être rapportées par le gouvernement fédéral ainsi que par les ministres présidents des Länder, pour ce qui concerne les administrations des Länder et les autorités subordonnées de l'administration fédérale.

ART. 115 *j* **[Durée de validité des lois et règlements exceptionnels].** – *(1)* [1]Aussi longtemps qu'elles sont applicables, les lois prises sur la base des art. 115 *c*, 115 *e* et 115 *g* ainsi que les règlements pris en vertu de ces lois ont pour effet de suspendre toute disposition contraire. [2]Ceci ne vaut pas pour les dispositions qui ont été édictées antérieurement sur la base de ces art. 115 *c*,115 *e* et 115 *g*. – *(2)* Les lois adoptées par la commission commune ainsi que les règlements pris sur la base de ces lois deviennent caducs au plus tard six mois après la cessation de l'état de défense. – *(3)* [1]Les lois comportant des dispositions dérogatoires aux art. 91 *a*, 91 *b*,104 *a*, 106 et 107 restent en vigueur au plus tard jusqu'à la clôture du second exercice budgétaire qui suit la cessation de l'état de défense. [2]Après la cessation de l'état de défense, elles peuvent être modifiées par une loi fédérale prise avec l'approbation du Bundesrat, afin d'assurer la transition avec une réglementation conforme aux sections VIII *a* et X.

ART. 115 *k* **[Abrogation des lois et mesures exceptionnelles, fin de l'état de défense, conclusion de la paix].** – *(1)* [1]Le Bundestag peut à tout moment avec l'accord du Bundesrat rapporter les lois adoptées par la commission commune. [2]Le Bundesrat peut demander au Bundestag qu'il se prononce à ce sujet. [3]Les autres mesures prises par la commission commune ou par le gouvernement fédéral pour écarter le danger doivent être levées si le Bundestag et le Bundesrat en décident ainsi. – *(2)* [1]Le Bundestag peut avec l'accord du Bundesrat proclamer à tout moment la cessation de l'état de défense, par une décision qui doit être promulguée par le président fédéral. [2]Le Bundesrat peut demander au Bundestag qu'il se prononce à ce sujet. [3]La cessation de l'état de défense doit être déclarée sans délai, lorsque les conditions nécessaires à sa constatation ne sont plus réunies. – *(3)* La conclusion de la paix est décidée par une loi fédérale.

(...)

11. Dispositions transitoires et finales

ART. 121 **[Notion de « majorité des membres »].** – Au sens de la présente Loi fondamentale, la majorité des membres du Bundestag et de l'Assemblée fédérale est la majorité du nombre légal de leurs membres.

ART. 126 **[Litiges portant sur la qualification de l'ancien droit]** La Cour constitutionnelle fédérale statue sur les contestations portant sur la qualification du droit antérieur comme droit fédéral.

ART. 137 **[Éligibilité des membres de la fonction publique]** *(1)* L'éligibilité des fonctionnaires, des employés du service public, des militaires de carrière, des militaires engagés à temps et des juges peut être limitée par la loi (...).

ART. 140 **[Droit des sociétés religieuses].** – Les dispositions des art. 136, 137, 138, 139 et 141 de la Constitution allemande du 11 août 1919 font partie intégrante de la présente Loi fondamentale.

ART. 142 **[Droits fondamentaux dans les constitutions des Länder].** – Nonobstant l'art. 31, les dispositions des constitutions des Länder demeurent également en vigueur pour autant qu'elles garantissent des droits fondamentaux en accord avec les art. 1 à 18 de la présente Loi fondamentale.

Chapitre IV

LA SUISSE

CONSTITUTION FÉDÉRALE DU 18 AVRIL 1999[1]

Au nom de Dieu Tout-Puissant !
Le peuple et les cantons suisses,

Conscients de leur responsabilité envers la Création,

Résolus à renouveler leur alliance
pour renforcer la liberté, la démocratie, l'indépendance et la paix dans un esprit de solidarité et d'ouverture au monde,

Déterminés à vivre ensemble leurs diversités
dans le respect de l'autre et l'équité,
Conscients des acquis communs et de leur devoir d'assumer leurs responsabilités envers les générations futures,
Sachant que seul est libre qui use de sa liberté et que la force de la communauté se mesure au bien-être du plus faible de ses membres,
Arrêtent la Constitution que voici :

TITRE PREMIER. – **Dispositions générales**

ARTICLE PREMIER **[Confédération suisse].** – Le peuple suisse et les cantons de Zurich, de Berne, de Lucerne, d'Uri, de Schwyz, d'Obwald et de Nidwald, de Glaris, de Zoug, de Fribourg, de Soleure, de Bâle-Ville et de Bâle-Campagne, de Schaffhouse, d'Appenzell Rhodes-Extérieures et d'Appenzell Rhodes-Intérieures, de Saint-Gall, des Grisons, d'Argovie, de Thurgovie, du Tessin, de Vaud, du Valais, de Neuchâtel, de Genève et du Jura forment la Confédération suisse.

ART. 2 **[But].** – *(1)* La Confédération suisse protège la liberté et les droits du peuple et elle assure l'indépendance et la sécurité du pays. – *(2)* Elle favorise la prospérité commune, le développement durable, la cohésion interne et la diversité culturelle du pays. – *(3)* Elle veille à garantir une égalité des chances aussi grande que possible. – *(4)* Elle s'engage en faveur de la conservation durable des ressources naturelles et en faveur d'un ordre international juste et pacifique.

1. Adoptée à cette date au terme d'une procédure de « révision totale » de la Constitution du 29 mai 1874.

ART. 3 **[Cantons].** – Les cantons sont souverains en tant que leur souveraineté n'est pas limitée par la Constitution fédérale et exercent tous les droits qui ne sont pas délégués à la Confédération.

ART. 4 **[Langues nationales].** – Les langues nationales sont l'allemand, le français, l'italien et le romanche.

ART. 5 **[Principes de l'activité de l'État régi par le droit].** – *(1)* Le droit est la base et la limite de l'activité de l'État. – *(2)* L'activité de l'État doit répondre à un intérêt public et être proportionnée au but visé. – *(3)* Les organes de l'État et les particuliers doivent agir de manière conforme aux règles de la bonne foi. – *(4)* La Confédération et les cantons respectent le droit international.

ART. 5 *a* **[Subsidiarité].** – L'attribution et l'accomplissement des tâches étatiques se fondent sur le principe de subsidiarité.

ART. 6 **[Responsabilité individuelle et sociale].** – Toute personne est responsable d'elle-même et contribue selon ses forces à l'accomplissement des tâches de l'État et de la société.

TITRE 2. – **Droits fondamentaux, citoyenneté et buts sociaux**

Chapitre premier. – *Droits fondamentaux*

ART. 7 **[Dignité humaine].** – La dignité humaine doit être respectée et protégée.

ART. 8 **[Égalité].** – *(1)* Tous les êtres humains sont égaux devant la loi. – *(2)* Nul ne doit subir de discrimination du fait notamment de son origine, de sa race, de son sexe, de son âge, de sa langue, de sa situation sociale, de son mode de vie, de ses convictions religieuses, philosophiques ou politiques ni du fait d'une déficience corporelle, mentale ou physique. – *(3)* L'homme et la femme sont égaux en droit (…).

ART. 9 **[Protection contre l'arbitraire et protection de la bonne foi].** – Toute personne a le droit d'être traitée par les organes de l'État sans arbitraire et conformément aux règles de la bonne foi.

ART. 10 **[Droit à la vie et liberté personnelle].** – *(1)* Tout être humain a droit à la vie. La peine de mort est interdite. – *(2)* Tout être humain a droit à la liberté personnelle, notamment à l'intégrité physique et psychique et à la liberté de mouvement. – *(3)* La torture et tout autre traitement ou peine cruels, inhumains ou dégradants sont interdits.

ART. 11 **[Protection des enfants et des jeunes].** – *(1)* Les enfants et les jeunes ont droit à une protection particulière de leur intégrité et à l'encouragement de leur développement. – *(2)* Ils exercent eux-mêmes leurs droits dans la mesure où ils sont capables de discernement.

ART. 12 **[Droit d'obtenir de l'aide dans des situations de détresse]** Quiconque est dans une situation de détresse et n'est pas en mesure de subvenir à son entretien a le droit d'être aidé et assisté et de recevoir les moyens indispensables pour mener une existence conforme à la dignité humaine.

ART. 13 **[Protection de la sphère privée].** – *(1)* Toute personne a droit au respect de sa vie privée et familiale, de son domicile, de sa correspondance et des relations qu'elle établit par la poste et les télécommunications. – *(2)* Toute personne a le droit d'être protégée contre l'emploi abusif des données qui la concernent.

ART. 14 **[Droit au mariage et à la famille].** – Le droit au mariage et à la famille est garanti.

ART. 15 **[Liberté de conscience et de croyance].** – *(1)* La liberté de conscience et de croyance est garantie. – *(2)* Toute personne a le droit de choisir librement sa religion ainsi que de se forger ses convictions philosophiques et de les professer individuellement ou en communauté. – *(3)* Toute personne a le droit d'adhérer à une communauté religieuse ou d'y appartenir et de suivre un enseignement religieux. – *(4)* Nul ne peut être contraint d'adhérer à une communauté religieuse ou d'y appartenir, d'accomplir un acte religieux ou de suivre un enseignement religieux.

ART. 16 **[Libertés d'opinion et d'information].** – *(1)* La liberté d'opinion et la liberté d'information sont garanties. – *(2)* Toute personne a le droit de former, d'exprimer et de répandre librement son opinion. – *(3)* Toute personne a le droit de recevoir librement des informations, de se les procurer aux sources généralement accessibles et de les diffuser. (…)

ART. 27 **[Liberté économique].** – *(1)* La liberté économique est garantie. – *(2)* Elle comprend notamment le libre choix de la profession, le libre accès à une activité économique lucrative privée et son libre exercice.

ART. 28 **[Liberté syndicale].** – *(1)* Les travailleurs, les employeurs et leurs organisations ont le droit de se syndiquer pour la défense de leurs intérêts, de créer des associations et d'y adhérer ou non. – *(2)* Les conflits sont, autant que possible, réglés par la négociation ou la médiation. – *(3)* La grève et le lock-out sont licites quand ils se rapportent aux relations de travail et sont conformes aux obligations de préserver la paix du travail ou de recourir à une conciliation. – *(4)* La loi peut interdire le recours à la grève à certaines catégories de personnes.

ART. 29 **[Garanties générales de procédure].** – *(1)* Toute personne a droit, dans une procédure judiciaire ou administrative, à ce que sa cause soit traitée équitablement et jugée dans un délai raisonnable. – *(2)* Les parties ont le droit d'être entendues. (…)

ART. 30 **[Garanties de procédure judiciaire].** – *(1)* Toute personne dont la cause doit être jugée dans une procédure judiciaire a droit à ce que sa cause soit portée devant un tribunal établi par la loi, compétent, indépendant et impartial. Les tribunaux d'exception sont interdits. – *(2)* La personne qui fait l'objet d'une action civile a droit à ce que sa cause soit portée devant le tribunal de son domicile. La loi peut prévoir un autre for. – *(3)* L'audience et le prononcé du jugement sont publics. La loi peut prévoir des exceptions.

ART. 31 **[Privation de liberté].** – *(1)* Nul ne peut être privé de sa liberté si ce n'est dans les cas prévus par la loi et selon les formes qu'elle prescrit. – *(2)* Toute personne qui se voit privée de sa liberté a le droit d'être aussitôt informée, dans une langue qu'elle comprend, des raisons de cette privation et des droits qui sont les siens. Elle doit être mise en état de faire valoir ses droits. Elle a notamment le droit de faire informer ses proches. – *(3)* Toute personne qui est mise en détention préventive a le droit d'être aussitôt traduite devant un ou une juge, qui prononce le maintien de la détention ou la libération. Elle a le droit d'être jugée dans un délai raisonnable. – *(4)* Toute personne qui se voit privée de sa liberté sans qu'un tribunal l'ait ordonné a le droit, en tout temps, de saisir le tribunal. Celui-ci statue dans les plus brefs délais sur la légalité de cette privation.

ART. 32 **[Procédure pénale].** – *(1)* Toute personne est présumée innocente jusqu'à ce qu'elle fasse l'objet d'une condamnation entrée en force. – *(2)* Toute personne accusée a le droit d'être informée, dans les plus brefs délais et de manière détaillée, des accusations portées contre elle. Elle doit être mise en état de faire valoir les droits de la défense. – *(3)* Toute personne condamnée a le droit de faire examiner le jugement par une juridiction supérieure. Les cas où le Tribunal fédéral statue en instance unique sont réservés.

ART. 33 **[Droit de pétition].** – *(1)* Toute personne a le droit, sans qu'elle en subisse de préjudice, d'adresser des pétitions aux autorités. – *(2)* Les autorités doivent prendre connaissance des pétitions.

ART. 34 **[Droits politiques].** – *(1)* Les droits politiques sont garantis. – *(2)* La garantie des droits politiques protège la libre formation de l'opinion des citoyens et des citoyennes et l'expression fidèle et sûre de leur volonté.

ART. 35 **[Réalisation des droits fondamentaux].** – *(1)* Les droits fondamentaux doivent être réalisés dans l'ensemble de l'ordre juridique. – *(2)* Quiconque assume une tâche de l'État est tenu de respecter les droits fondamentaux et de contribuer à leur réalisation. – *(3)* Les autorités veillent à ce que les droits fondamentaux, dans la mesure où ils s'y prêtent, soient aussi réalisés dans les relations qui lient les particuliers entre eux.

ART. 36 **[Restriction des droits fondamentaux].** – *(1)* Toute restriction d'un droit fondamental doit être fondée sur une base légale. Les restrictions graves doivent être prévues par une loi. Les cas de danger sérieux, direct et imminent sont réservés. – *(2)* Toute restriction d'un droit fondamental doit être justifiée par un intérêt public ou par la protection d'un droit fondamental d'autrui. – *(3)* Toute restriction d'un droit fondamental doit être proportionnée au but visé. – *(4)* L'essence des droits fondamentaux est inviolable (...)

Chapitre 3. – *Buts sociaux*

ART. 41. – *(1)* La Confédération et les cantons s'engagent, en complément de la responsabilité individuelle et de l'initiative privée, à ce que : *a)* toute personne bénéficie de la sécurité sociale ; *b)* toute personne bénéficie des soins nécessaires à sa santé ; *c)* les familles en tant que communautés d'adultes et d'enfants soient protégées et encouragées ; *d)* toute personne capable de travailler puisse assurer son entretien par un travail qu'elle exerce dans des conditions équitables ; *e)* toute personne en quête d'un logement puisse trouver, pour elle-même et sa famille, un logement approprié à des conditions supportables ; *f)* les enfants et les jeunes, ainsi que les personnes en âge de travailler puissent bénéficier d'une formation initiale et d'une formation continue correspondant à leurs aptitudes ; *g)* les enfants et les jeunes soient encouragés à devenir des personnes indépendantes et socialement responsables et soient soutenus dans leur intégration sociale, culturelle et politique. – *(2)* La Confédération et les cantons s'engagent à ce que toute personne soit assurée contre les conséquences économiques de l'âge, de l'invalidité, de la maladie, de l'accident, du chômage, de la maternité, de la condition d'orphelin et du veuvage. – *(3)* Ils s'engagent en faveur des buts sociaux dans le cadre de leurs compétences constitutionnelles et des moyens disponibles. – *(4)* Aucun droit subjectif à des prestations de l'État ne peut être déduit directement des buts sociaux.

TITRE 3. – **Confédération, cantons et communes**

Chapitre premier. – *Rapports entre la Confédération et les cantons*

Section 1. – Tâches de la Confédération et des cantons

ART. 42 **[Tâches de la Confédération].** – La Confédération accomplit les tâches que lui attribue la Constitution.

ART. 43 **[Tâches des cantons].** – Les cantons définissent les tâches qu'ils accomplissent dans le cadre de leurs compétences.

ART. 43 *a* **[Principes applicables lors de l'attribution et de l'accomplissement des tâches étatiques].** – *(1)* La Confédération n'assume que les tâches qui excèdent les possibilités des cantons ou qui nécessitent une réglementation uniforme par la Confédération. – *(2)* Toute collectivité bénéficiant d'une prestation de l'État prend en charge les coûts de cette prestation. – *(3)* Toute collectivité qui prend en charge les coûts d'une prestation de l'État décide de cette prestation. – *(4)* Les prestations de base doivent être accessibles à tous dans une mesure comparable. – *(5)* Les tâches de l'État doivent être accomplies de manière rationnelle et adéquate.

Section 2. – Collaboration entre la Confédération et les cantons

ART. 44 **[Principes].** – *(1)* La Confédération et les cantons s'entraident dans l'accomplissement de leurs tâches et collaborent entre eux. – *(2)* Ils se doivent respect et assistance. Ils s'accordent réciproquement l'entraide administrative et l'entraide judiciaire. – *(3)* Les différends entre les cantons ou entre les cantons et la Confédération sont, autant que possible, réglés par la négociation ou par la médiation.

ART. 45 **[Participation au processus de décision sur le plan fédéral].** – *(1)* Les cantons participent, dans les cas prévus par la Constitution fédérale, au processus de décision sur le plan fédéral, en particulier à l'élaboration de la législation. – *(2)* La Confédération informe les cantons de ses projets en temps utile et de manière détaillée ; elle les consulte lorsque leurs intérêts sont touchés.

ART. 46 **[Mise en œuvre du droit fédéral].** – *(1)* Les cantons mettent en œuvre le droit fédéral conformément à la Constitution et à la loi. – *(2)* La Confédération et les cantons peuvent convenir d'objectifs que les cantons réalisent lors de la mise en œuvre du droit fédéral ; à cette fin, ils mettent en place des programmes soutenus financièrement par la Confédération. – *(3)* La Confédération laisse aux cantons une marge de manœuvre aussi large que possible en tenant compte de leurs particularités.

ART. 47 **[Autonomie des cantons].** – *(1)* La Confédération respecte l'autonomie des cantons. – *(2)* Elle laisse aux cantons suffisamment de tâches propres et respecte leur autonomie d'organisation. Elle leur laisse des sources de financement suffisantes et contribue à ce qu'ils disposent des moyens financiers nécessaires pour accomplir leurs tâches.

ART. 48 **[Conventions intercantonales].** – *(1)* Les cantons peuvent conclure des conventions entre eux et créer des organisations et des institutions communes. Ils peuvent notamment réaliser ensemble des tâches d'intérêt régional. – *(2)* La Confédération peut y participer dans les limites de ses compétences. (...)

ART. 49 **[Primauté et respect du droit fédéral].** – *(1)* Le droit fédéral prime le droit cantonal qui lui est contraire. – *(2)* La Confédération veille à ce que les cantons respectent le droit fédéral.

Section 3. – Communes

ART. 50. – *(1)* L'autonomie communale est garantie dans les limites fixées par le droit cantonal. – *(2)* La Confédération tient compte des conséquences éventuelles de son activité pour les communes. – *(3)* Ce faisant, elle prend en considération la situation particulière des villes, des agglomérations urbaines et des régions de montagne.

Section 4. – Garanties fédérales

ART. 51 **[Constitutions cantonales].** – *(1)* Chaque canton se dote d'une constitution démocratique. Celle-ci doit avoir été acceptée par le peuple et doit pouvoir être révisée si la majorité du corps électoral le demande. – *(2)* Les constitutions cantonales doivent être garanties par la Confédération. Cette garantie est accordée si elles ne sont pas contraires au droit fédéral.

ART. 52 **[Ordre constitutionnel].** – *(1)* La Confédération protège l'ordre constitutionnel des cantons. – *(2)* Elle intervient lorsque l'ordre est troublé ou menacé dans un canton et que celui-ci n'est pas en mesure de le préserver, seul ou avec l'aide d'autres cantons.

ART. 53 **[Existence, statut et territoire des cantons].** – *(1)* La Confédération protège l'existence et le statut des cantons, ainsi que leur territoire. – *(2)* Toute modification du nombre des cantons ou de leur statut est soumise à l'approbation du corps électoral concerné et des cantons concernés ainsi qu'au vote du peuple et des cantons. – *(3)* Toute modification du territoire d'un canton est soumise à l'approbation du corps électoral concerné et des cantons concernés ; elle est ensuite soumise à l'approbation de l'Assemblée fédérale sous la forme d'un arrêté fédéral. – *(4)* La rectification de frontières cantonales se fait par convention entre les cantons concernés.

Chapitre 2. – *Compétences*

Section 1. – Relations avec l'étranger

ART. 54 **[Affaires étrangères].** – *(1)* Les affaires étrangères relèvent de la compétence de la Confédération. (...)

Section 10. – Droit civil, droit pénal, métrologie

ART. 122 **[Droit civil].** – *(1)* La législation en matière de droit civil et de procédure civile relève de la compétence de la Confédération. – *(2)* L'organisation judiciaire et l'administration de la justice en matière de droit civil sont du ressort des cantons, sauf disposition contraire de la loi.

ART. 123 **[Droit pénal].** – *(1)* La législation en matière de droit pénal et de procédure pénale relève de la compétence de la Confédération. – *(2)* L'organisation judiciaire et l'administration de la justice ainsi que l'exécution des peines et des mesures en matière de droit pénal sont du ressort des cantons, sauf disposition contraire de la loi. – *(3)* La Confédération peut légiférer sur l'exécution des peines et des mesures. Elle peut octroyer aux cantons des contributions : *a)* pour la construction d'établissements ; *b)* pour l'amélioration de l'exécution des peines et des mesures ; *c)* pour le soutien des institutions où sont exécutées les mesures éducatives destinées aux enfants, aux adolescents ou aux jeunes adultes. (...).

Chapitre 3. – *Régime des finances*

ART. 126 **[Gestion des finances].** – *(1)* La Confédération équilibre à terme ses dépenses et ses recettes. – *(2)* Le plafond des dépenses totales devant être approuvées dans le budget est fixé en fonction des recettes estimées, compte tenu de la situation conjoncturelle. – *(3)* Des besoins financiers exceptionnels peuvent justifier un relèvement approprié du plafond des dépenses cité à l'al. 2. L'Assemblée fédérale décide d'un tel relèvement conformément à l'art. 159, al. 3, let. c. – *(4)* Si les dépenses totales figurant dans le compte d'État dépassent le plafond fixé conformément aux al. 2 ou 3, les dépenses supplémentaires seront compensées les années suivantes. – *(5)* La loi règle les modalités.

ART. 127 **[Principes régissant l'imposition].** – *(1)* Les principes généraux régissant le régime fiscal, notamment la qualité de contribuable, l'objet de l'impôt et son mode de calcul, sont définis par la loi. – *(2)* Dans la mesure où la nature de l'impôt le permet, les principes de l'universalité, de l'égalité de traitement et de la capacité économique doivent, en particulier, être respectés. (...)

TITRE 4. – **Peuples et cantons**

Chapitre premier. – *Dispositions générales*

ART. 136 **[Droits politiques].** – *(1)* Tous les Suisses et toutes les Suissesses ayant dix-huit ans révolus qui ne sont pas interdits pour cause de maladie mentale ou de faiblesse d'esprit ont les droits politiques en matière fédérale. Tous ont les mêmes droits et devoirs politiques. – *(2)* Ils peuvent prendre part à l'élection du Conseil national et aux votations fédérales et lancer et signer des initiatives populaires et des demandes de référendum en matière fédérale.

ART. 137 **[Partis politiques].** – Les partis politiques contribuent à former l'opinion et la volonté populaires.

Chapitre 2. – *Initiative et référendum*

ART. 138 **[Initiative populaire tendant à la révision totale de la Constitution].** – *(1)* 100 000 citoyens et citoyennes ayant le droit de vote peuvent, dans un délai de 18 mois à compter de la publication officielle de leur initiative, proposer la révision totale de la Constitution. – *(2)* Cette proposition est soumise au vote du peuple.

ART. 139 **[Initiative populaire tendant à la révision partielle de la Constitution].** – *(1)* 100 000 citoyens et citoyennes ayant le droit de vote peuvent, dans un délai de 18 mois à compter de la publication officielle de leur initiative, demander la révision partielle de la Constitution. – *(2)* Les initiatives populaires tendant à la révision partielle de la Constitution peuvent revêtir la forme d'une proposition conçue en termes généraux ou celle d'un projet rédigé. – *(3)* Lorsqu'une initiative populaire ne respecte pas le principe de l'unité de la forme, celui de l'unité de la matière ou les règles impératives du droit international, l'Assemblée fédérale la déclare totalement ou partiellement nulle. – *(4)* Si l'Assemblée fédérale approuve une initiative populaire conçue en termes généraux, elle élabore la révision partielle dans le sens de l'initiative et la soumet au vote du peuple et des cantons. Si elle rejette l'initiative, elle la soumet au vote du peuple, qui décide s'il faut lui donner suite. En cas d'acceptation par le peuple, l'Assemblée fédérale élabore le projet demandé par l'initiative. – *(5)* Toute initiative revêtant la forme d'un projet rédigé est soumise au vote du peuple et des cantons. L'Assemblée fédérale en recommande l'acceptation ou le rejet. Elle peut lui opposer un contre-projet.

ART. 139 *b* **[Procédure applicable lors du vote sur une initiative et son contre-projet].** – *(1)* Les citoyens et citoyennes ayant le droit de vote se prononcent simultanément sur l'initiative et le contre-projet. – *(2)* Ils peuvent approuver les deux projets à la fois. Ils peuvent indiquer, en réponse à la question subsidiaire, le projet auquel ils donnent la préférence au cas où les deux seraient acceptés. – *(3)* S'agissant des modifications constitutionnelles qui ont été approuvées, si, en réponse à la question subsidiaire, l'un des projets obtient la majorité des voix des votants, et l'autre la majorité des voix des cantons, le projet qui entre en vigueur est celui qui, en réponse à la question subsidiaire, a enregistré la plus forte somme des pourcentages des voix des votants et des voix des cantons.

ART. 140 **[Référendum obligatoire].** – *(1)* Sont soumises au vote du peuple et des cantons : *a)* les révisions de la Constitution ; *b)* l'adhésion à des organisations de sécurité collective ou à des communautés supranationales ; *c)* les lois fédérales déclarées urgentes qui sont dépourvues de base constitutionnelle et dont la durée de validité dépasse une année ; ces lois doivent être soumises au vote dans le délai d'un an à compter de leur adoption par l'Assemblée fédérale. – *(2)* Sont soumis au vote du peuple : *a)* les initiatives populaires tendant à la révision totale de la Constitution ; *b)* les initiatives populaires conçues en termes généraux qui tendent à la révision partielle de la Constitution et qui ont été rejetées par l'Assemblée fédérale ; *c)* le principe d'une révision totale de la Constitution, en cas de désaccord entre les deux conseils.

ART. 141 **[Référendum facultatif].** – Si 50 000 citoyens et citoyennes ayant le droit de vote ou huit cantons le demandent dans les cent jours à compter de la publication officielle de l'acte, sont soumis au vote du peuple : *a)* les lois fédérales ; *b)* les lois fédérales déclarées urgentes dont la durée de validité dépasse un an ; *c)* les arrêtés fédéraux, dans la mesure où la Constitution ou la loi le prévoient ; *d)* les traités internationaux qui : 1) sont d'une durée indéterminée et ne sont pas dénonçables ; 2) prévoient l'adhésion à une organisation internationale ; 3) contiennent des dispositions importantes fixant des règles de droit ou dont la mise en œuvre exige l'adoption de lois fédérales.

ART. 141 *a* **[Mise en œuvre des traités internationaux].** – *(1)* Lorsque l'arrêté portant approbation d'un traité international est soumis au référendum obligatoire, l'Assemblée fédérale peut y intégrer les modifications constitutionnelles liées à la mise en œuvre du traité. – *(2)* Lorsque l'arrêté portant approbation d'un traité international est sujet au référendum, l'Assemblée fédérale peut y intégrer les modifications de lois liées à la mise en œuvre du traité.

ART. 142 **[Majorités requises].** – *(1)* Les actes soumis au vote du peuple sont acceptés à la majorité des votants. – *(2)* Les actes soumis au vote du peuple et des cantons sont acceptés lorsque la majorité des votants et la majorité des cantons les approuvent. – *(3)* Le résultat du vote populaire dans un canton représente la voix de celui-ci. – *(4)* Les cantons d'Obwald, de Nidwald, de Bâle-Ville, de Bâle-Campagne, d'Appenzell Rhodes-Extérieures et d'Appenzell Rhodes-Intérieures comptent chacun pour une demi-voix. (…)

TITRE 5. – **Autorités fédérales**

Chapitre premier. – *Dispositions générales*

ART. 144 **[Incompatibilités].** – *(1)* Les fonctions de membre du Conseil national, du Conseil des États, du Conseil fédéral et de juge au Tribunal fédéral sont incompatibles. – *(2)* Les membres du Conseil fédéral, de même que les juges au Tribunal fédéral assumant une charge complète, ne peuvent revêtir aucune autre fonction au service de la Confédération ou d'un canton, ni exercer d'autre activité lucrative. – *(3)* La loi peut prévoir d'autres incompatibilités.

ART. 145 **[Durée de fonction].** – Les membres du Conseil national et du Conseil fédéral ainsi que le chancelier ou la chancelière de la Confédération sont élus pour quatre ans. Les juges au Tribunal fédéral sont élus pour six ans.

ART. 146 **[Responsabilité de la Confédération].** – La Confédération répond des dommages causés sans droit par ses organes dans l'exercice de leurs fonctions.

ART. 147 **[Procédure de consultation].** – Les cantons, les partis politiques et les milieux intéressés sont invités à se prononcer sur les actes législatifs importants et sur les autres projets de grande portée lors des travaux préparatoires, ainsi que sur les traités internationaux importants.

Chapitre 2. – *Assemblée fédérale*

Section 1. – Organisation

ART. 148 **[Rôle de l'Assemblée fédérale et bicamérisme].** – *(1)* L'Assemblée fédérale est l'autorité suprême de la Confédération, sous réserve des droits du peuple et des cantons. – *(2)* Elle se compose de deux Chambres, le Conseil national et le Conseil des États, dotées des mêmes compétences.

ART. 149 **[Composition et élection du Conseil national].** – *(1)* Le Conseil national se compose de 200 députés du peuple. – *(2)* Les députés sont élus par le peuple au suffrage direct selon le système proportionnel. Le Conseil national est renouvelé intégralement tous les quatre ans. – *(3)* Chaque canton forme une circonscription électorale. – *(4)* Les sièges sont répartis entre les cantons proportionnellement à leur population. Chaque canton a droit à un siège au moins.

ART. 150 **[Composition et élection du Conseil des États].** – *(1)* Le Conseil des États se compose de 46 députés des cantons. – *(2)* Les cantons d'Obwald, de Nidwald, de Bâle-Ville, de Bâle-Campagne, d'Appenzell Rhodes-Extérieures et d'Appenzell Rhodes-Intérieures élisent chacun un député ; les autres cantons élisent chacun deux députés. – *(3)* Les cantons édictent les règles applicables à l'élection de leurs députés au Conseil des États.

ART. 151 **[Sessions].** – *(1)* Les conseils se réunissent régulièrement. La loi règle la convocation aux sessions. – *(2)* Un quart des membres de l'un des conseils ou le Conseil fédéral peuvent demander la convocation des conseils à une session extraordinaire.

ART. 152 **[Présidence].** – Chaque conseil élit pour un an un de ses membres à la présidence, un deuxième à la première vice-présidence et un troisième à la seconde vice-présidence. Ces mandats ne sont pas renouvelables pour l'année suivante.

ART. 153 **[Commissions parlementaires].** – *(1)* Chaque conseil institue des commissions en son sein. – *(2)* La loi peut prévoir des commissions conjointes. – *(3)* La loi peut déléguer aux commissions certaines compétences, à l'exception des compétences législatives. – *(4)* Afin de pouvoir accomplir leurs tâches, les commissions ont le droit d'obtenir des renseignements, de consulter des documents et de mener des enquêtes. La loi définit les limites de ce droit.

ART. 154 **[Groupes].** – Les membres de l'Assemblée fédérale peuvent former des groupes.

ART. 155 **[Services du parlement].** – L'Assemblée fédérale dispose des Services du parlement. Elle peut faire appel aux services de l'administration fédérale. La loi règle les modalités.

Section 2. – Procédure

ART. 156 **[Délibérations séparées].** – *(1)* Le Conseil national et le Conseil des États délibèrent séparément. – *(2)* Les décisions de l'Assemblée fédérale requièrent l'approbation des deux conseils. – *(3)* La loi prévoit de garantir, en cas de divergences entre les deux conseils, qu'un arrêté soit pris sur : *a)* la validité ou la nullité partielle d'une initiative populaire ; *b)* la mise en œuvre d'une initiative populaire conçue en termes généraux et approuvée par le peuple ; *c)* la mise en œuvre d'un arrêté fédéral approuvé par le peuple et visant une révision totale de la Constitution ; *d)* le budget ou ses suppléments.

ART. 157 **[Délibérations communes].** – *(1)* Le Conseil national et le Conseil des États délibèrent en conseils réunis, sous la direction du président ou de la présidente du Conseil national, pour : *a)* procéder à des élections ; *b)* statuer sur les conflits de compétence entre les autorités fédérales suprêmes ; *c)* statuer sur les recours en grâce. – *(2)* En outre, ils siègent en conseils réunis lors d'occasions spéciales et pour prendre connaissance de déclarations du Conseil fédéral. (…)

ART. 160 **[Droit d'initiative et droit de proposition].** – *(1)* Tout membre de l'Assemblée fédérale, tout groupe parlementaire, toute commission parlementaire et tout canton peuvent soumettre une initiative à l'Assemblée fédérale. – *(2)* Les membres de chacun des conseils et ceux du Conseil fédéral peuvent faire des propositions relatives à un objet en délibération.

ART. 161 **[Interdiction des mandats impératifs].** – *(1)* Les membres de l'Assemblée fédérale votent sans instructions. – *(2)* Ils rendent publics les liens qu'ils ont avec des groupes d'intérêts.

ART. 162 **[Immunité].** – *(1)* Les membres de l'Assemblée fédérale et ceux du Conseil fédéral, de même que le chancelier ou la chancelière de la Confédération, n'encourent aucune responsabilité juridique pour les propos qu'ils tiennent devant les conseils et leurs organes. – *(2)* La loi peut prévoir d'autres formes d'immunité et les étendre à d'autres personnes.

Section 3. – Compétences

ART. 163 **[Forme des actes édictés par l'Assemblée fédérale].** – *(1)* L'Assemblée fédérale édicte les dispositions fixant des règles de droit sous la forme d'une loi fédérale ou d'une ordonnance. – *(2)* Les autres actes sont édictés sous la forme d'un arrêté fédéral, qui, s'il n'est pas sujet au référendum, est qualifié d'arrêté fédéral simple.

ART. 164 **[Législation].** – *(1)* Toutes les dispositions importantes qui fixent des règles de droit doivent être édictées sous la forme d'une loi fédérale. Appartiennent en particulier à cette catégorie les dispositions fondamentales relatives : *a)* à l'exercice des droits politiques ; *b)* à la restriction des droits constitutionnels ; *c)* aux droits et aux obligations des personnes ; *d)* à la qualité de contribuable, à l'objet des impôts et au calcul du montant des impôts ; *e)* aux tâches et aux prestations de la Confédération ; *f)* aux obligations des cantons lors de la mise en œuvre et de l'exécution du droit fédéral ; *g)* à l'organisation et à la procédure des autorités fédérales. – *(2)* Une loi fédérale peut prévoir une délégation de la compétence d'édicter des règles de droit, à moins que la Constitution ne l'exclue.

ART. 165 **[Législation d'urgence].** – *(1)* Une loi fédérale dont l'entrée en vigueur ne souffre aucun retard peut être déclarée urgente et entrer immédiatement en vigueur par une décision prise à la majorité des membres de chacun des conseils. Sa validité doit être limitée dans le temps. – *(2)* Lorsque le référendum est demandé contre une loi fédérale déclarée urgente, cette dernière cesse de produire effet un an après son adoption par l'Assemblée fédérale si elle n'a pas été acceptée par le peuple dans ce délai. – *(3)* Lorsqu'une loi fédérale déclarée urgente est dépourvue de base constitutionnelle, elle cesse de produire effet un an après son adoption par l'Assemblée fédérale si elle n'a pas été acceptée dans ce délai par le peuple et les cantons. Sa validité doit être limitée dans le temps. – *(4)* Une loi fédérale déclarée urgente qui n'a pas été acceptée en votation ne peut pas être renouvelée.

ART. 166 **[Relations avec l'étranger et traités internationaux].** – *(1)* L'Assemblée fédérale participe à la définition de la politique extérieure et surveille les relations avec l'étranger. – *(2)* Elle approuve les traités internationaux, à l'exception de ceux dont la conclusion relève de la seule compétence du Conseil fédéral en vertu d'une loi ou d'un traité international.

ART. 167 **[Finances].** – L'Assemblée fédérale vote les dépenses de la Confédération, établit le budget et approuve le compte d'État.

ART. 168 **[Élections].** – *(1)* L'Assemblée fédérale élit les membres du Conseil fédéral, le chancelier ou la chancelière de la Confédération, les juges au Tribunal fédéral et le général. – *(2)* La loi peut attribuer à l'Assemblée fédérale la compétence d'élire d'autres personnes ou d'en confirmer l'élection.

ART. 169 **[Haute surveillance].** – *(1)* L'Assemblée fédérale exerce la haute surveillance sur le Conseil fédéral et l'administration fédérale, les tribunaux fédéraux et les autres organes ou personnes auxquels sont confiées des tâches de la Confédération. – *(2)* Le secret de fonction ne constitue pas un motif qui peut être opposé aux délégations particulières des commissions de contrôle prévues par la loi. (…)

ART. 172 **[Relations entre la Confédération et les cantons].** – *(1)* L'Assemblée fédérale veille au maintien des relations entre la Confédération et les cantons. – *(2)* Elle garantit les constitutions cantonales. – *(3)* Elle approuve les conventions que les cantons entendent conclure entre eux et avec l'étranger, lorsque le Conseil fédéral ou un canton élève une réclamation. (…).

Chapitre 3. – *Conseil fédéral et administration fédérale*

Section 1. – Organisation et procédure

ART. 174 **[Rôle du Conseil fédéral].** – Le Conseil fédéral est l'autorité directoriale et exécutive suprême de la Confédération.

ART. 175 **[Composition et élection].** – *(1)* Le Conseil fédéral est composé de sept membres. – *(2)* Les membres du Conseil fédéral sont élus par l'Assemblée fédérale après chaque renouvellement intégral du Conseil national. – *(3)* Ils sont nommés pour quatre ans et choisis parmi les citoyens et citoyennes suisses éligibles au Conseil national. – *(4)* Les diverses régions et les communautés linguistiques doivent être équitablement représentées au Conseil fédéral.

ART. 176 **[Présidence].** – *(1)* La présidence du Conseil fédéral est assurée par le président ou la présidente de la Confédération. – *(2)* L'Assemblée fédérale élit pour un an un des membres du Conseil fédéral à la présidence de la Confédération et un autre à la vice-présidence du Conseil fédéral. – *(3)* Ces mandats ne sont pas renouvelables pour l'année suivante. Le président ou la présidente sortants ne peut être élu à la vice-présidence.

ART. 177 **[Principe de l'autorité collégiale et division en départements].** – *(1)* Le Conseil fédéral prend ses décisions en autorité collégiale. – *(2)* Pour la préparation et l'exécution des décisions, les affaires du Conseil fédéral sont réparties entre ses membres par département. – *(3)* Le règlement des affaires peut être confié aux départements ou aux unités administratives qui leur sont subordonnées ; le droit de recours doit être garanti.

ART. 178 **[Administration fédérale].** – *(1)* Le Conseil fédéral dirige l'administration fédérale. Il assure l'organisation rationnelle de celle-ci et veille à la bonne exécution des tâches qui lui sont confiées. – *(2)* L'administration fédérale est divisée en départements, dirigés chacun par un membre du Conseil fédéral (…).

ART. 179 **[Chancellerie fédérale].** – La Chancellerie fédérale est l'état-major du Conseil fédéral. Elle est dirigée par le chancelier ou la chancelière de la Confédération.

Section 2. – Compétences

ART. 180 **[Politique gouvernementale].** – *(1)* Le Conseil fédéral détermine les buts et les moyens de sa politique gouvernementale. Il planifie et coordonne les activités de l'État. – *(2)* Il renseigne le public sur son activité en temps utile et de manière détaillée, dans la mesure où aucun intérêt public ou privé prépondérant ne s'y oppose.

ART. 181 **[Droit d'initiative].** – Le Conseil fédéral soumet à l'Assemblée fédérale des projets relatifs aux actes de celle-ci.

ART. 182 **[Législation et mise en œuvre].** – *(1)* Le Conseil fédéral édicte des règles de droit sous la forme d'une ordonnance, dans la mesure où la Constitution ou la loi l'y autorisent. – *(2)* Il veille à la mise en œuvre de la législation, des arrêtés de l'Assemblée fédérale et des jugements rendus par les autorités judiciaires fédérales.

ART. 183 **[Finances].** – *(1)* Le Conseil fédéral élabore le plan financier ainsi que le projet du budget et établit le compte d'État. – *(2)* Il veille à une gestion financière correcte.

ART. 184 **[Relations avec l'étranger].** – *(1)* Le Conseil fédéral est chargé des affaires étrangères sous réserve des droits de participation de l'Assemblée fédérale ; il représente la Suisse à l'étranger. – *(2)* Il signe les traités et les ratifie. Il les soumet à l'approbation de l'Assemblée fédérale. – *(3)* Lorsque la sauvegarde des intérêts du pays l'exige, le Conseil fédéral peut adopter les ordonnances et prendre les décisions nécessaires. Les ordonnances doivent être limitées dans le temps. (…)

Chapitre 4. – *Tribunal fédéral*

ART. 188 **[Rôle du Tribunal fédéral].** – *(1)* Le Tribunal fédéral est l'autorité judiciaire suprême de la Confédération. – *(2)* La loi règle l'organisation et la procédure. – *(3)* Le Tribunal fédéral s'administre lui-même.

ART. 189 **[Compétences du Tribunal fédéral].** – *(1)* Le Tribunal fédéral connaît des contestations pour violation : *a)* du droit fédéral ; *b)* du droit international ; *c)* du droit intercantonal ; *d)* des droits constitutionnels cantonaux ; *e)* de l'autonomie des communes et des autres garanties accordées par les cantons aux corporations de droit public ; *f)* des dispositions fédérales et cantonales sur les droits politiques. – *(2)* Il connaît des différends entre la Confédération et les cantons ou entre les cantons. – *(3)* La loi peut conférer d'autres compétences au Tribunal fédéral. – *(4)* Les actes de l'Assemblée fédérale et du Conseil fédéral ne peuvent pas être portés devant le Tribunal fédéral. Les exceptions sont déterminées par la loi.

ART. 190 **[Droit applicable].** – Le Tribunal fédéral et les autres autorités sont tenus d'appliquer les lois fédérales et le droit international.

ART. 191 **[Accès au Tribunal fédéral].** – *(1)* La loi garantit l'accès au Tribunal fédéral. – *(2)* Elle peut prévoir une valeur litigieuse minimale pour les contestations qui ne portent pas sur une question juridique de principe. – *(3)* Elle peut exclure l'accès au Tribunal fédéral dans des domaines déterminés. – *(4)* Elle peut prévoir une procédure simplifiée pour les recours manifestement infondés.

ART. 191 *a* **[Autres autorités judiciaires de la Confédération].** – *(1)* La Confédération institue un tribunal pénal ; celui-ci connaît en première instance des cas que la loi attribue à la juridiction fédérale. La loi peut conférer d'autres compétences au tribunal pénal fédéral. – *(2)* La Confédération institue des autorités judiciaires pour connaître des contestations de droit public relevant des domaines de compétences de l'administration fédérale. – *(3)* La loi peut instituer d'autres autorités judiciaires de la Confédération.

ART. 191 *b* **[Autorités judiciaires des cantons].** – *(1)* Les cantons instituent des autorités judiciaires pour connaître des contestations de droit civil et de droit public ainsi que des affaires pénales. – *(2)* Ils peuvent instituer des autorités judiciaires communes.

ART. 191 *c* **[Indépendance des autorités judiciaires].** – Dans l'exercice de leurs compétences juridictionnelles, les autorités judiciaires sont indépendantes et ne sont soumises qu'à la loi.

TITRE 6. – Révision de la Constitution et dispositions transitoires

Chapitre premier. – *Révision*

ART. 192 **[Principe].** – *(1)* La Constitution peut être révisée en tout temps, totalement ou partiellement. – *(2)* Lorsque la Constitution et la législation qui en découle n'en disposent pas autrement, la révision se fait selon la procédure législative.

ART. 193 **[Révision totale].** – *(1)* La révision totale de la Constitution peut être proposée par le peuple ou par l'un des deux conseils, ou décrétée par l'Assemblée fédérale. – *(2)* Si l'initiative émane du peuple ou en cas de désaccord entre les deux conseils, le peuple décide si la révision totale doit être entreprise. – *(3)* Si le peuple accepte le principe d'une révision totale, les deux conseils sont renouvelés. – *(4)* Les règles impératives du droit international ne doivent pas être violées.

ART. 194 **[Révision partielle].** – *(1)* Une révision partielle de la Constitution peut être demandée par le peuple ou décrétée par l'Assemblée fédérale. – *(2)* Toute révision partielle doit respecter le principe de l'unité de la matière ; elle ne doit pas violer les règles impératives du droit international. – *(3)* Toute initiative populaire tendant à la révision partielle de la Constitution doit en outre respecter le principe de l'unité de la forme.

ART. 195 **[Entrée en vigueur].** – La Constitution révisée totalement ou partiellement entre en vigueur dès que le peuple et les cantons l'ont acceptée. (…)

Chapitre 2. – *Dispositions transitoires*

ART. 197 **[Dispositions transitoires après acceptation de la Constitution du 18 avril 1999].** – 1. Adhésion de la Suisse à l'ONU. *(1)* La Suisse adhère à l'Organisation des Nations Unies (ONU). – *(2)* Le Conseil fédéral est autorisé à adresser au Secrétaire général de l'ONU une demande d'admission de la Suisse et une déclaration d'acceptation des obligations de la Charte des Nations Unies. (…)

Chapitre V

L'ITALIE

CONSTITUTION DU 27 DÉCEMBRE 1947[1]

Principes fondamentaux

ARTICLE PREMIER. – *(1)* L'Italie est une république démocratique, fondée sur le travail. – *(2)* La souveraineté appartient au peuple, qui l'exerce sous les formes et dans les limites de la Constitution.

ART. 2. – La République reconnaît et garantit les droits inviolables de l'homme, aussi bien en tant qu'individu que dans les formations sociales où s'exerce sa personnalité, et exige l'accomplissement des devoirs absolus de solidarité politique, économique et sociale.

ART. 3. – *(1)* Tous les citoyens ont une même dignité sociale et sont égaux devant la loi, sans distinction de sexe, de race, de langue, de religion, d'opinions politiques, de conditions personnelles et sociales. – *(2)* Il appartient à la République d'aplanir les obstacles d'ordre économique et social qui, limitant effectivement la liberté et l'égalité des citoyens, s'opposent au plein épanouissement de la personne humaine et à la participation effective de tous les travailleurs à l'organisation politique, économique et sociale du pays.

ART. 4. – *(1)* La République reconnaît à tous les citoyens le droit au travail et crée les conditions qui rendent ce droit effectif. – *(2)* Tout citoyen a le devoir d'exercer, selon ses propres possibilités et son choix, une activité ou une fonction contribuant au progrès matériel ou spirituel de la société.

ART. 5. – La République, une et indivisible, reconnaît et favorise les autonomies locales ; réalise la plus ample décentralisation administrative dans les services qui dépendent de l'État, adapte les principes et les méthodes de sa législation aux exigences de l'autonomie et de la décentralisation.

ART. 6. – La République protège par des normes particulières les minorités linguistiques.

1. Traduction fournie par la Direction générale de l'information de la Présidence du Conseil (1985), et mise à jour ultérieurement. Pour gagner de la place, les alinéas, au sein de chaque article, ne sont indiqués que par leur numéro : – *(1)*, – *(2)*, etc. Il est à noter qu'une loi du 24 janvier 1997 a créé une commission parlementaire (dite « bicamérale ») chargée d'élaborer des projets de révision de la deuxième partie de la Constitution (forme de l'État, gouvernement, bicamérisme, « système des garanties »).

ART. 7. – *(1)* L'État et l'Église catholique sont, chacun dans son ordre particulier, indépendants et souverains (…).

ART. 8. – *(1)* Toutes les confessions religieuses sont également libres devant la loi (…).

ART. 10. – L'ordre juridique italien se conforme aux normes du droit international généralement reconnues (…).

ART. 11. – L'Italie (…) consent, à condition de parité avec les autres États, aux limitations de souveraineté nécessaires à un ordre qui assure la paix et la justice au sein des nations (…).

PREMIÈRE PARTIE. – **Droits et devoirs des citoyens**

TITRE PREMIER. – **Rapports civiques**

ART. 13. – *(1)* La liberté personnelle est inviolable. – *(2)* Aucune forme de détention, d'inspection ou de perquisition concernant la personne n'est admise, pas plus que n'importe quelle autre restriction de la liberté personnelle, si ce n'est par un acte motivé de l'autorité judiciaire et dans les seuls cas et sous les seules formes prévus par la loi (…).

ART. 14. – *(1)* Le domicile est inviolable. – *(2)* On ne peut y effectuer ni inspection, ni perquisition, ni saisie, si ce n'est dans les cas et les modes établis par la loi, conformément aux garanties prescrites pour la protection de la liberté personnelle (…).

ART. 15. – *(1)* La liberté et le secret de la correspondance et de toute autre forme de communication sont inviolables. – *(2)* Leur limitation ne peut se produire que par des actes motivés par l'autorité judiciaire et avec les garanties fixées par la loi.

ART. 16. – *(1)* Tout citoyen peut circuler et séjourner librement dans n'importe quelle région du territoire national. (…) – *(2)* Tout citoyen est libre de sortir du territoire de la République ou d'y rentrer (…).

ART. 17. – *(1)* Les citoyens ont le droit de se réunir pacifiquement, sans armes (…).

ART. 18. – *(1)* Les citoyens ont le droit de s'associer librement, sans autorisation, pour des fins que la loi pénale n'interdit pas aux individus (…).

ART. 19. – Chacun a le droit de professer librement sa propre foi religieuse (…).

ART. 21. – *(1)* Chacun a le droit de manifester librement sa pensée par la parole, par les écrits ou par tout autre moyen de diffusion. – *(2)* La presse ne peut être sujette à autorisation ou censure (…).

ART. 24. – *(1)* Il est reconnu à chacun le droit d'ester en justice pour la tutelle de ses droits et intérêts légitimes. – *(2)* La défense est un droit inviolable en tous état et phase de la procédure (…).

ART. 25. – *(1)* Nul ne peut être soustrait au juge naturel désigné par la loi. – *(2)* Nul ne peut être puni si ce n'est en vertu d'une loi entrée en vigueur avant que le fait soit commis (…).

ART. 27. – (…). – *(2)* L'accusé n'est considéré coupable qu'à sa condamnation définitive. – *(3)* Les peines ne peuvent consister en des traitements contraires aux sentiments humanitaires et doivent viser à la rééducation du condamné. – *(4)* La peine de mort n'est pas admise.

ART. 28. – Les fonctionnaires et les agents de l'État et des organismes publics sont directement responsables, selon les lois pénales, civiles et administratives, des actes accomplis en violation de droits. Dans ces cas la responsabilité civile s'étend à l'État et aux organismes publics.

TITRE II. – **Rapports moraux et sociaux**

ART. 29. – *(1)* La République reconnaît les droits de la famille en tant que société naturelle fondée sur le mariage. – *(2)* Le mariage repose sur la parité morale et juridique des époux (…).

ART. 30. – *(1)* Les parents ont le devoir et le droit d'entretenir, d'instruire et d'élever leurs enfants, même s'ils sont nés hors du mariage (…).

ART. 31. – *(1)* La République facilite par des mesures économiques et autres la formation de la famille et l'accomplissement des tâches qui s'y rapportent, en ayant des égards particuliers pour les familles nombreuses. – *(2)* La République protège la maternité, l'enfance et la jeunesse, en favorisant les institutions nécessaires à cet effet.

ART. 32. – *(1)* La République protège la santé publique en tant que droit fondamental de l'individu et intérêt de la collectivité, et assure les soins gratuits aux indigents. – *(2)* Nul ne peut être obligé de se soumettre à un traitement médical déterminé si ce n'est par une disposition de la loi. La loi ne peut en aucun cas violer les limites imposées par le respect de la personne humaine.

ART. 33. – (…). – *(2)* La République établit les normes générales concernant l'instruction et fonde des écoles d'État de tous ordres et degrés. – *(3)* Les institutions privées et les particuliers ont le droit de fonder des écoles et des instituts d'éducation, sans charge pour l'État. – *(4)* La loi, en fixant les droits et les obligations des écoles qui n'appartiennent pas à l'État et qui demandent la parité, doit leur assurer une pleine liberté et donner à leurs élèves un traitement scolaire équivalent à celui des élèves des écoles d'État (…).

ART. 34. – *(1)* L'enseignement est ouvert à tous. – *(2)* L'instruction primaire, pendant au moins huit ans, est obligatoire et gratuite (…).

TITRE III. – **Rapports économiques**

ART. 35. – *(1)* La République protège le travail (…).

ART. 36. – *(1)* Le travailleur a droit à une rémunération proportionnée à la quantité et à la qualité de son travail et en tout cas suffisante à assurer à lui-même et à sa famille une existence libre et digne. – *(2)* L'horaire maximum de la journée de travail est fixé par la loi. – *(3)* Le travailleur a droit au repos hebdomadaire et à un congé annuel et il ne peut y renoncer.

ART. 37. – *(1)* La femme qui travaille a les mêmes droits et, à égalité de travail, la même rémunération que l'homme qui travaille. Les conditions de travail doivent lui permettre l'accomplissement de son rôle essentiel au foyer (…). – *(2)* La loi fixe la limite d'âge minimum pour le travail salarié (…).

ART. 38. – *(1)* Tout citoyen incapable de travailler et dépourvu de moyens de subsistance a droit à l'entretien et à l'assistance sociale. – *(2)* Les travailleurs ont droit à ce que l'on prévoie et l'on assure des moyens proportionnés à leurs besoins de vie, en cas d'accident, de maladie, d'invalidité et de vieillesse, de chômage involontaire. – *(3)* Les inaptes et les handicapés ont droit à la rééducation professionnelle (…).

ART. 39. – *(1)* L'organisation syndicale est libre (…).

ART. 40. – Le droit de grève est exercé dans le cadre des lois qui le régissent.

ART. 41. – *(1)* L'initiative économique privée est libre. – *(2)* Elle ne peut se déployer en contraste avec l'utilité sociale ou de façon à porter atteinte à la sécurité, à la liberté, à la dignité humaines. – *(3)* La loi détermine les programmes et les contrôles appropriés pour que l'activité économique publique et privée puisse être orientée et coordonnée à des fins sociales.

ART. 42. – *(1)* La propriété est publique ou privée. Les biens économiques appartiennent à l'État, à des institutions ou à des particuliers. – *(2)* La propriété privée est reconnue et garantie par la loi, qui en détermine les modes d'acquisition et de jouissance, ainsi que les limites, dans le but d'assurer sa fonction sociale et de la rendre accessible à tous. – *(3)* La propriété privée peut être expropriée, dans les cas prévus par la loi et sous condition d'indemnisation, pour des raisons d'intérêt général (…).

ART. 43. – Pour des fins d'utilité générale, la loi peut réserver originairement ou transférer à l'État, à des institutions publiques ou à des communautés de travailleurs ou d'usagers, par expropriation et indemnisation, des entreprises déterminées ou des catégories d'entreprises ayant trait à des services publics essentiels, à des sources d'énergie, ou à des situations de monopole, et qui présentent un caractère d'intérêt général prédominant.

ART. 44. – *(1)* Afin d'obtenir l'exploitation rationnelle du sol et d'établir des rapports sociaux équitables, la loi impose des obligations et des règles à la propriété foncière privée (…).

ART. 46. – Aux fins de l'élévation économique et sociale des travailleurs et en harmonie avec les besoins de la production, la République reconnaît le droit des travailleurs à collaborer, selon les modalités et dans les limites fixées par les lois, à la gestion des entreprises. (…)

TITRE IV. – **Rapports politiques**

ART. 48. – *(1)* Sont électeurs tous les citoyens, hommes et femmes, qui ont atteint l'âge de la majorité. – *(2)* Le vote est individuel et égal, libre et secret. Son exercice est un devoir civique (…).

ART. 49. – Tous les citoyens ont le droit de s'associer librement en partis pour contribuer, selon la méthode démocratique, à la détermination de la politique nationale. (…)

ART. 51[1]. – *(1)* Tous les citoyens de l'un ou de l'autre sexe peuvent accéder aux fonctions publiques et aux charges électives dans des conditions d'égalité selon les qualités requises fixées par la loi. À cette fin, la République favorise, par des mesures appropriées, l'égalité des chances entre les femmes et les hommes. – *(2)* Pour l'admission aux fonctions publiques et aux charges électives, la loi peut assimiler aux citoyens les Italiens n'appartenant pas à la République. – *(3)* Quiconque est appelé à des fonctions publiques électives a le droit de disposer du temps nécessaire à leur exercice et de conserver son emploi. (…)

SECONDE PARTIE. – **Organisation de la République**

TITRE PREMIER. – **Le Parlement**

Ire SECTION. – *Les Chambres*

ART. 55. – *(1)* Le Parlement est composé de la Chambre des députés et du Sénat de la République (…).

ART. 56. – *(1)* La Chambre des députés est élue au suffrage universel et direct. – *(2)* Le nombre des députés est de six cent trente, dont douze élus dans la circonscription Étranger. – *(3)* Sont éligibles députés tous les électeurs qui, le jour des élections, ont l'âge de vingt-cinq ans révolus. – *(4)* La répartition des sièges entre les circonscriptions, sous réserve du nombre de sièges attribués à la circonscription Étranger, s'effectue en divisant le nombre d'habitants de la République, tel qu'il ressort du dernier recensement général, par six cent dix-huit et en attribuant les sièges proportionnellement à la population de chaque circonscription, sur la base de quotients entiers et des plus forts restes[2].

ART. 57. – *(1)* Le Sénat de la République est élu sur la base régionale, sous réserve des sièges attribués à la circonscription Étranger. – *(2)* Le nombre des sénateurs élus est de trois cent quinze, dont six élus dans la circonscription Étranger. – *(3)* Aucune région ne peut avoir un nombre de sénateurs inférieur à sept, sauf la Molise, qui a deux sénateurs, et la Vallée d'Aoste, qui en a un. – *(4)* La répartition des sièges entre les régions, sous réserve des sièges attribués à la circonscription Étranger, après application des dispositions de l'alinéa précédent, a lieu en proportion de la population des régions, telle qu'elle ressort du dernier recensement général, sur la base de quotients entiers et des plus forts restes[3].

ART. 58. – *(1)* Les sénateurs sont élus au suffrage universel et direct par les électeurs ayant vingt-cinq ans révolus. – *(2)* Sont éligibles sénateurs les électeurs qui ont atteint l'âge de quarante ans.

ART. 59. – *(1)* Est sénateur de droit et à vie, sauf en cas de renonciation, tout ancien Président de la République. – *(2)* Le Président de la République peut nommer sénateurs à vie cinq citoyens qui ont mérité de

1. Modifié par la loi de révision n° 1 du 30 mai 2003.
2. Modifié par la loi de révision n° 1 du 23 janvier 2001.
3. Modifié par la loi de révision n° 1 du 23 janvier 2001.

la patrie par des actes ou réalisations exceptionnels dans les domaines social, scientifique, artistique ou littéraire.

ART. 60. – La Chambre des députés et le Sénat de la République sont élus pour cinq ans (…).

ART. 64. – (…). – *(4)* Les membres du Gouvernement, même s'ils n'appartiennent pas au Parlement ont le droit et, s'ils en sont requis, le devoir d'assister aux séances. Ils ont droit à la parole chaque fois qu'ils la demandent. (…)

ART. 66. – Chacune des deux Chambres juge des titres d'admission de ses membres et des causes d'inéligibilité et d'incompatibilité.

ART. 67. – Chaque membre du Parlement représente la Nation et exerce ses fonctions sans limitation de mandat.

IIe SECTION. – *La formation des lois*

ART. 70. – La fonction législative est exercée collectivement par les deux Chambres.

ART. 71. – *(1)* L'initiative des lois revient au Gouvernement, à chaque membre des Chambres, ainsi qu'aux organismes et aux institutions auxquels elle est attribuée par la loi constitutionnelle[1]. – *(2)* Le peuple exerce l'initiative des lois, au moyen d'une proposition présentée par au moins 50 000 électeurs et constituant un projet rédigé en articles. (…)

ART. 74. – *(1)* Le Président de la République, avant de promulguer une loi, peut, au moyen d'un message motivé adressé aux Chambres, demander une nouvelle délibération. – *(2)* Si les Chambres approuvent de nouveau la loi, celle-ci doit être promulguée.

ART. 75. – *(1)* Il y a référendum populaire pour décider l'abrogation, totale ou partielle, d'une loi ou d'un acte ayant force de loi, lorsqu'il est requis par 500 000 électeurs ou par cinq conseils régionaux. – *(2)* Le référendum n'est pas admis pour les lois fiscales et budgétaires, d'amnistie et de remise de peine, d'autorisation à ratifier des traités internationaux (…). – *(4)* La proposition soumise au référendum est approuvée si la majorité des ayants droit a participé au vote et si la majorité des suffrages valablement exprimés a été atteinte (…).

ART. 76. – L'exercice de la fonction législative ne peut être délégué au Gouvernement que pour autant qu'ont été définis les principes et les directives de ce mandat et seulement pour une durée limitée et pour des objets définis.

ART. 77. – *(1)* Le Gouvernement ne peut promulguer de décrets ayant force de loi ordinaire sans que le pouvoir lui en soit expressément délégué par les Assemblées parlementaires. – *(2)* Lorsque, en cas extraordinaire de nécessité et d'urgence, le Gouvernement adopte, sous sa responsabilité, des mesures provisoires ayant force de loi, il doit, le jour même, les présenter pour leur conversion en lois aux Chambres (…).

1. Par exemple : le Conseil national de l'Économie et du Travail (art. 99 non reproduit ici) et la Région (art. 121).

ART. 78. – Les Chambres délibèrent de l'état de guerre et confèrent au Gouvernement les pouvoirs nécessaires[1]. (…)

ART. 80. – Les Chambres autorisent par des lois la ratification des traités internationaux qui sont de nature politique, ou qui prévoient des arbitrages ou des règlements judiciaires, ou encore qui entraînent des modifications du territoire, des charges pour les finances ou des variations des lois.

ART. 81[2]. – *(1)* L'État assure l'équilibre entre les recettes et les dépenses de son propre budget, en tenant compte des phases défavorables et des phases favorables du cycle économique. – *(2)* Le recours à l'endettement est autorisé à la seule fin de prendre en considération les effets du cycle économique et, après autorisation des Chambres donnée à la majorité absolue de leurs membres respectifs, de corriger les événements exceptionnels. – *(3)* Toute loi comportant une charge nouvelle ou accrue prévoit les moyens d'y faire face. – *(4)* Les Chambres approuvent chaque année le budget et l'état des comptes présentés par le gouvernement. – *(5)* L'exercice provisoire du budget ne peut être admis que par une loi et pour des durées qui, dans leur ensemble, ne dépassent pas quatre mois. – *(6)* Le contenu de la loi de finances, les normes fondamentales et les critères visant à assurer l'équilibre entre les recettes et les dépenses budgétaires et la viabilité de la dette de l'ensemble des administrations publiques sont déterminés par une loi approuvée à la majorité absolue des membres de chaque Chambre dans le respect des principes définis par la loi constitutionnelle.

ART. 82. – *(1)* Chacune des Assemblées peut ouvrir des enquêtes sur des matières d'intérêt public. – *(2)* Dans ce but, elle nomme parmi ses propres membres une commission formée de façon à refléter la proportion des différents groupes parlementaires. La commission d'enquête procède aux recherches et aux vérifications avec les mêmes pouvoirs et les mêmes limites que l'autorité judiciaire.

TITRE II. – **Le Président de la République**

ART. 83. – *(1)* Le Président de la République est élu par le Parlement en séance commune de ses membres. – *(2)* À cette élection participent trois délégués pour chaque Région, élus par le Conseil régional de façon que la représentation des minorités soit assurée. La Vallée d'Aoste n'a qu'un délégué. – *(3)* L'élection du Président de la République a lieu au scrutin secret et à la majorité des deux tiers de l'Assemblée. Après le troisième tour la majorité absolue est suffisante.

ART. 84. – *(1)* Peut être élu Président de la République tout citoyen ayant cinquante ans révolus et jouissant de ses droits civils et politiques (…).

1. L'acte de déclarer la guerre incombe, par ailleurs, au Président de la République (art. 87).

2. Modifié, ainsi que les articles 117 et 119, par la loi constitutionnelle n° 1 du 20 avril 2012. Trad. Julien Boudon, avec le concours de Gian Luca Mealli.

ART. 85. – *(1)* Le Président de la République est élu pour sept ans (…).

ART. 86. – *(1)* Les fonctions du Président de la République, dans tous les cas où il ne pourrait les remplir, sont exercées par le Président du Sénat. – *(2)* En cas d'empêchement permanent, de décès ou de démission du Président de la République, le Président de la Chambre des députés fixe l'élection du nouveau Président de la République dans un délai de quinze jours (…).

ART. 87. – *(1)* Le Président de la République est le Chef de l'État et représente l'unité nationale. – *(2)* Il peut adresser des messages aux Chambres (…). – *(4)* Il autorise la présentation aux Chambres des projets de loi dus à l'initiative gouvernementale. – *(5)* Il promulgue les lois et les décrets ayant force de loi ainsi que les règlements (…). – *(7)* Il nomme, dans les cas indiqués par la loi les fonctionnaires de l'État. – *(8)* Il accrédite et reçoit les représentants diplomatiques, ratifie les traités internationaux, le cas échéant, avec l'autorisation préalable des Chambres. – *(9)* Il a le commandement des Forces armées, préside le Conseil suprême de Défense institué selon la loi, déclare l'état de guerre décidé par les Chambres. – *(10)* Il préside le Conseil supérieur de la Magistrature. – *(11)* Il peut accorder la grâce et commuer les peines (…).

ART. 88. – *(1)* Le Président de la République peut, après avoir entendu leurs Présidents, dissoudre les Chambres ou même une seule d'entre elles. – *(2)* Il ne peut exercer ce pouvoir durant les six derniers mois de son mandat, sauf s'ils coïncident en tout ou en partie avec les six derniers mois de la législature.

ART. 89. – *(1)* Aucun acte du Président de la République n'est valable s'il n'est contresigné par les ministres qui l'ont proposé, et qui en assument la responsabilité. – *(2)* Les actes qui ont force de loi et les autres actes prévus par la loi sont contresignés également par le Président du Conseil des ministres.

ART. 90. – *(1)* Le Président de la République n'est pas tenu pour responsable des actes accomplis dans l'exercice de ses fonctions, sauf en cas de haute trahison ou d'attentat à la Constitution. – *(2)* Dans ces derniers cas, il est mis en état d'accusation par le Parlement réuni en séance commune, à la majorité absolue de ses membres. (…)

TITRE III. – **Le Gouvernement**

Ire SECTION. – *Le Conseil des ministres*

ART. 92. – *(1)* Le Gouvernement de la République est composé du Président du Conseil et des ministres, qui constituent ensemble le Conseil des ministres. – *(2)* Le Président de la République nomme le Président du Conseil des ministres et, sur proposition de ce dernier, les ministres. (…)

ART. 94. – *(1)* Le Gouvernement doit avoir la confiance des deux Chambres. – *(2)* Chaque Chambre accorde ou révoque la confiance au moyen d'une motion motivée et votée par appel nominal. – *(3)* Dans un délai de dix jours après sa formation, le Gouvernement se présente devant les Chambres pour en obtenir la confiance. – *(4)* Le vote contraire d'une ou des deux Chambres sur une proposition du Gouvernement n'entraîne pas obligatoirement la démission de ce dernier. – *(5)* La motion contraire[1] doit être signée par au moins un dixième des membres de la Chambre, et elle ne peut faire l'objet de débats que trois jours après sa présentation.

ART. 95. – *(1)* Le Président du Conseil des ministres dirige la politique générale du Gouvernement et en est responsable. Il maintient l'unité d'orientation politique et administrative en favorisant et en coordonnant l'activité des ministres. – *(2)* Les ministres sont responsables solidairement des actes du Conseil des ministres et, individuellement, des actes de leurs départements. – *(3)* La loi établit l'orientation de la Présidence du Conseil et fixe le nombre, les attributions et l'organisation des ministères.

ART. 96. – Le Président du Conseil des ministres et les ministres, même lorsqu'ils ne sont plus en charge, sont soumis pour les délits commis dans l'exercice de leurs fonctions à la justice ordinaire, après autorisation du Sénat de la République ou de la Chambre des députés, selon les règles établies par une loi constitutionnelle. (…)

TITRE V. – **Les Régions, les Provinces et les Communes**[2]

ART. 114. – *(1)* La République est constituée des Communes, des Provinces, des Cités métropolitaines, des Régions et de l'État. – *(2)* Les Communes, les Provinces, les Cités métropolitaines et les régions sont des collectivités autonomes, avec leurs propres statuts ainsi que les pouvoirs et les fonctions suivant les principes déterminés par la Constitution. – *(3)* Rome est la capitale de la République. La loi de l'État détermine son régime juridique.

(…)

ART. 116. – *(1)* Le Frioul-Vénétie Julienne, la Sardaigne, la Sicile, le Trentin – Haut Adige / Tyrol du Sud (au texte : all. *Südtirol*), la Valle d'Aosta / Val d'Aoste (au texte : « Vallée d'Aoste ») jouissent de formes et de conditions particulières d'autonomie, telles que les déterminent, pour chacune d'entre elles, les statuts spéciaux adoptés avec la sanction d'une loi constitutionnelle. – *(2)* La Région du Trentin – Haut-Adige / Tyrol du Sud est formée des Provinces autonomes de Trente et de Bolzano. – *(3)* Les formes ultérieures ainsi que les conditions particulières d'autonomie s'agissant des matières énoncées à l'alinéa 3 de l'article 117, au deuxième alinéa paragraphe 1) de ce même article, limitées à l'organisation de la justice de paix, paragraphes *n)* et *s)*, peuvent être attribuées à d'autres Régions, moyennant une loi de l'État, à l'initiative de la Région intéressée, après consultation des collectivités locales, et ce dans le respect des principes déterminés à l'article 119. La loi afférente

1. Il s'agit de la motion de censure.
2. Titre modifié par la loi constitutionnelle n° 3 du 18 octobre 2001. Traduction effectuée par J.-P. Lepetit.

est adoptée par les Chambres à la majorité absolue de leurs membres, sur la base d'un accord entre l'État et la Région intéressée.

ART. 117. – *(1)* Le pouvoir législatif est exercé par l'État et les Régions dans le respect de la Constitution, sans préjudice des liens dérivant de l'ordre communautaire et des obligations internationales. – *(2)* L'État détient la législation exclusive dans les matières suivantes : *a)* politique extérieure et rapports internationaux de l'État ; relations de l'État avec l'Union européenne ; droit d'asile et statut juridique des ressortissants d'États n'appartenant pas à l'Union européenne ; *b)* immigration ; *c)* rapports entre la République et les confessions religieuses ; *d)* défense et forces armées ; sûreté de l'État ; armes, munitions et explosifs ; *e)* monnaie, contrôle de l'épargne et des marchés financiers ; contrôle de la concurrence ; système des devises ; système fiscal et comptable de l'État ; harmonisation des budgets publics ; péréquation des ressources financières ; *f)* organes de l'État et lois électorales afférentes ; référendum étatique ; mode d'élection au Parlement européen ; *g)* régime juridique et organisation administrative de l'État et des établissements publics nationaux ; *h)* ordre public et sécurité, à l'exclusion de la police administrative locale ; *i)* citoyenneté, état civil et registres de l'état civil ; *l)* juridiction et normes de la procédure ; droit civil et pénal ; justice administrative ; *m)* détermination des niveaux essentiels des prestations relatives aux droits civils et sociaux qui doivent être garantis pour l'ensemble du territoire national ; *n)* normes générales de l'enseignement ; *o)* prévoyance sociale ; *p)* législation électorale, organes de décision et fonctions fondamentales des Communes, Provinces et Cités métropolitaines ; (…) – *(3)* (…) Dans les matières de compétence partagée, le pouvoir législatif revient aux Régions, sous la réserve que la détermination des principes fondamentaux relève de la législation de l'État. – *(4)* Revient aux Régions le pouvoir législatif portant sur toute matière qui n'est pas expressément réservée à la législation de l'État. (…). – *(6)* Le pouvoir réglementaire revient à l'État dans les matières de législation exclusive, sauf à être délégué le cas échéant aux Régions. Le pouvoir réglementaire revient aux Régions en toute autre matière. (…)

ART. 119. – *(1)* Les Communes, les Provinces, les Cités métropolitaines et les Régions jouissent de l'autonomie financière tant en matière de recettes que de dépenses, dans le respect de l'équilibre des budgets concernés, et concourent à garantir l'observation des obligations économiques et financières qui découlent du système de l'Union européenne. – *(2)* Les Communes, les Provinces, les Cités métropolitaines et les Régions disposent de ressources propres. Elles établissent et affectent le produit des impôts et les recettes propres, en conformité avec la Constitution et suivant les principes de coordination des finances publiques et du système fiscal. (…)

ART. 121. – *(1)* Sont organes de la Région : le Conseil régional, la *Giunta* et son président. – *(2)* Le Conseil régional exerce le pouvoir législatif attribué aux Régions ainsi que les autres fonctions conférées par la Constitution et les lois. Il peut introduire des propositions de loi devant les Chambres. – *(3)* La *Giunta* régionale est l'organe exécutif des Régions. – *(4)* Le Président de la *Giunta* représente la Région ; il dirige l'action de la *Giunta* et en assume la responsabilité ; il promulgue les lois et prend les règlements régionaux ; il a la direction des fonctions administratives déléguées par l'État à la Région, en se conformant aux instructions du Gouvernement de la République.

ART. 122. – *(1)* Le Président de la *Giunta* régionale, à moins que le statut de la Région n'en dispose autrement, est élu au suffrage universel direct. Le président élu nomme et révoque les membres de la *Giunta*. (...)

TITRE VI. – **Garanties constitutionnelles**

Ire SECTION. – *La Cour constitutionnelle*

ART. 134. – La Cour constitutionnelle prononce : sur les litiges relatifs à la légalité constitutionnelle des lois et des actes ayant force de loi de l'État et des Régions ; sur les conflits d'attribution entre les pouvoirs de l'État, entre l'État et les Régions, et entre les Régions ; sur les accusations portées contre le Président de la République, aux termes de la Constitution[1].

ART. 135. – *(1)* La Cour constitutionnelle se compose de quinze juges nommés pour un tiers par le Président de la République, pour un tiers par le Parlement réuni en séance commune et pour un tiers par les magistratures suprêmes, ordinaire et administrative. – *(2)* Les juges de la Cour constitutionnelle sont choisis parmi les magistrats, même retraités, des juridictions supérieures, ordinaire et administrative, les professeurs de droit d'Université et les avocats ayant au moins vingt ans de profession. – *(3)* Les juges de la Cour constitutionnelle sont nommés pour neuf ans, à partir du jour où ils ont prêté serment et ne peuvent être réélus (...). – *(5)* La Cour constitutionnelle élit parmi ses membres, suivant les normes arrêtées par la loi, son président, dont le mandat dure trois ans et qui peut être réélu (...). – *(6)* La fonction du juge de la Cour est incompatible avec celle de membre du Parlement ou d'un Conseil régional, avec l'exercice de la profession d'avocat et avec toutes les charges et tous les offices indiqués par la loi. – *(7)* En cas de jugement d'accusation contre le Président de la République, outre les juges ordinaires de la Cour, interviennent aussi seize membres tirés au sort parmi les noms d'une liste de citoyens présentant les qualités requises pour être éligibles sénateurs, que le Parlement dresse tous les neuf ans, suivant les mêmes modalités que pour la nomination des juges ordinaires.

ART. 136. – *(1)* Lorsque la Cour déclare l'illégalité constitutionnelle d'une disposition de loi ou d'un acte ayant force de loi, cette disposition cesse d'être en vigueur dès le lendemain de la publication de la décision (...).

1. À ces matières, la loi constitutionnelle n° 1 du 11 mars 1953 en a ajouté une autre : le jugement sur l'admissibilité de toute demande de référendum pour l'abrogation de lois.

IIe Section. – *Révision de la Constitution. Lois constitutionnelles*

Art. 138. – *(1)* Les lois de révision de la Constitution et les autres lois constitutionnelles sont adoptées par chacune des assemblées en deux délibérations successives, formulées à distance d'au moins trois mois, et elles sont approuvées à la majorité absolue des membres de chaque Chambre au second tour de scrutin. – *(2)* Ces mêmes lois sont soumises à un référendum populaire lorsque, dans un délai de trois mois à partir de leur publication, demande en est faite par un cinquième des membres d'une Chambre ou par 500 000 électeurs ou par cinq Conseils régionaux. La loi soumise au référendum n'est pas promulguée, si elle n'est pas approuvée à la majorité des suffrages valables. – *(3)* Le référendum n'a pas lieu si la loi a été approuvée au second tour de scrutin par chacune des deux Chambres à la majorité des deux tiers de ses membres.

Art. 139. – La forme républicaine ne peut faire l'objet d'une révision constitutionnelle.

Dispositions de transition et finales

XII. – La réorganisation, sous quelque forme que ce soit, du parti fasciste dissous est interdite. (…)

Chapitre VI

L'ESPAGNE

CONSTITUTION DU 29 DÉCEMBRE 1978[1]

TITRE IV. – Du Gouvernement et de l'administration

ART. 99. – *(1)* Après chaque renouvellement du Congrès des députés et dans les autres cas prévus à cet effet par la Constitution, le Roi, après consultation des représentants désignés par les groupes politiques ayant une représentation parlementaire, proposera, par l'intermédiaire du président du Congrès, un candidat à la Présidence du Gouvernement. – *(2)* Le candidat proposé conformément aux dispositions du paragraphe précédent exposera devant le Congrès des députés le programme politique du Gouvernement qu'il entend former et demandera la confiance de la Chambre. – *(3)* Si le Congrès des députés accorde à la majorité absolue de ses membres la confiance au candidat, le Roi le nommera Président. Si cette majorité n'est pas atteinte, la même proposition fera l'objet d'un nouveau vote quarante-huit heures après le premier et l'on considérera que la confiance a été accordée si elle a réuni la majorité simple. – *(4)* Si, après avoir procédé aux votes mentionnés, la confiance n'est pas accordée pour l'investiture, des propositions successives seront présentées sous la forme prévue aux paragraphes précédents. – *(5)* Si dans le délai de deux mois à partir du premier vote d'investiture aucun candidat n'a obtenu la confiance du Congrès, le Roi, avec le contreseing du président du Congrès, dissoudra les deux Chambres et convoquera de nouvelles élections.

ART. 100. – Sur la proposition du Président du Gouvernement, le Roi nomme les autres membres du Gouvernement et met fin à leurs fonctions.

1. Traduction officielle (Présidence du gouvernement ; 1982, mise à jour), à l'exception des art. 146, 147, 148, 149, 150 et 151, repris de la traduction de MM. Duhamel, Carcassonne et Vintro (*Pouvoirs*, 1979, n° 8, p. 131 *sq.*, et n° 11, p. 208). Pour gagner de la place, les paragraphes, au sein de chaque article, ne sont indiqués que par leur numéro : – *(1)*, – *(2)*, etc. On ne saurait assez inciter le lecteur à se reporter au texte complet de cette constitution. Elle procède notamment à une très intéressante classification-hiérarchisation des droits et libertés : Titre 1er, « Des droits et devoirs fondamentaux » ; chap. 1er, « Des Espagnols et des étrangers » ; chap. 2, « Droits et libertés » ; section 1, « Des droits fondamentaux et des libertés publiques » ; section 2, « Des droits et devoirs des citoyens » ; chap. 3, « Des principes directeurs de la politique sociale et économique ».

TITRE V. – **Des relations entre le Gouvernement et les *Cortes Generales***

ART. 108. – Le Gouvernement est solidairement responsable de sa gestion politique devant le Congrès des députés (…).

ART. 111. – *(1)* Le Gouvernement et chacun de ses membres sont soumis aux interpellations et aux questions que leur posent les membres des Chambres. Leur règlement réservera un temps minimum hebdomadaire à ce type de débat. – *(2)* Toute interpellation pourra donner lieu à une motion par laquelle la Chambre fera connaître sa position.

ART. 112. – Le Président du Gouvernement, après délibération du Conseil des ministres, peut poser au Congrès des députés la question de confiance sur son programme ou sur une déclaration de politique générale. On considérera que la confiance lui a été accordée lorsque la majorité simple des députés se sera prononcée en sa faveur.

ART. 113. – *(1)* Le Congrès des députés peut mettre en jeu la responsabilité politique du Gouvernement en adoptant à la majorité absolue une motion de censure. – *(2)* La motion de censure devra être proposée au moins par le dixième des députés et elle devra inclure le nom d'un candidat à la Présidence du Gouvernement. – *(3)* La motion de censure ne pourra être votée avant l'expiration d'un délai de cinq jours à partir de la date de son dépôt. Des motions alternatives pourront être présentées pendant les deux premiers jours. – *(4)* Si la motion de censure n'est pas adoptée par le Congrès, ses signataires ne pourront pas en présenter une autre pendant la même session.

ART. 114. – *(1)* Si le Congrès refusa sa confiance au Gouvernement, celui-ci présentera sa démission au Roi. On procédera ensuite à la désignation du Président du Gouvernement, conformément aux dispositions de l'art. 99. – *(2)* Si le Congrès adopte une motion de censure, le Gouvernement présentera sa démission au Roi et l'on considérera que le candidat désigné dans la motion a reçu l'investiture de la Chambre aux effets prévus à l'art. 99. Le Roi le nommera Président du Gouvernement.

ART. 115. – *(1)* Le Président du Gouvernement, après délibération du Conseil des ministres, et sous sa seule responsabilité, pourra proposer la dissolution du Congrès, du Sénat ou des *Cortes Generales* qui sera décrétée par le Roi. Le décret de dissolution fixera la date des élections. – *(2)* La proposition de dissolution ne pourra pas être présentée lorsqu'une motion de censure est en cours. – *(3)* On ne pourra pas procéder à une nouvelle dissolution avant que ne soit écoulé le délai d'une année à partir de la dissolution précédente, exception faite des dispositions de l'art. 99, § 5. (…)

TITRE VII. – **Économie et finances (…)**

ART. 135[1]. – *(1)* Toutes les administrations publiques conforment leur action au principe de stabilité budgétaire. – *(2)* L'État et les communautés autonomes ne peuvent encourir un déficit structurel qui dépasse

1. Modifié par la loi constitutionnelle du 27 septembre 2011.

les limites fixées, le cas échéant, par l'Union européenne pour ses États membres. Une loi organique fixe le déficit structurel maximal autorisé pour l'État et les communautés autonomes, en proportion de leur produit intérieur brut. Les collectivités locales doivent présenter un budget en équilibre. – *(3)* L'État et les communautés autonomes doivent être autorisés par la loi pour émettre un emprunt public ou contracter un crédit (…). – *(4)* Les limites du déficit structurel et du volume de la dette publique ne peuvent être dépassées qu'en cas de catastrophes naturelles, de récession économique ou de situations d'urgence extraordinaire qui échappent au contrôle de l'État et portent gravement atteinte à la situation financière ou à la viabilité économique et sociale de l'État, selon une appréciation de la majorité absolue des membres du Congrès des députés. (…)

TITRE VIII. – **De l'organisation territoriale de l'État**[1]

ART. 137. – L'État, dans son organisation territoriale, se compose de communes, de provinces et des Communautés autonomes qui se constitueront. Toutes ces entités jouissent d'une autonomie pour la gestion de leurs intérêts respectifs.

ART. 138. – L'État garantit l'application effective du principe de solidarité consacré à l'art. 2 de la Constitution, en veillant à l'établissement d'un équilibre économique approprié et juste entre les différentes parties du territoire espagnol, compte tenu tout particulièrement des circonstances propres au caractère insulaire (…).

ART. 143. – *(1)* En application du droit à l'autonomie reconnu à l'art. 2 de la Constitution, les provinces limitrophes ayant des caractéristiques historiques, culturelles et économiques communes, les territoires insulaires et les provinces ayant une entité régionale historique pourront se gouverner eux-mêmes et se constituer en Communautés autonomes, conformément aux dispositions du présent titre et des statuts respectifs. – *(2)* Le droit d'initiative, en matière d'autonomie, incombe à tous les Conseils généraux intéressés ou à l'organe interinsulaire correspondant et aux deux tiers des communes dont la population représente au moins la majorité du corps électoral de chaque province ou de chaque île. Ces conditions devront être remplies dans le délai de six mois à partir de l'adoption du premier accord en la matière par l'une des collectivités locales intéressées. (…)

ART. 146. – Le projet de statut sera élaboré par une assemblée composée de membres de la délégation ou de l'organe interinsulaire des provinces concernées et par les députés et sénateurs élus dans ces provinces, et sera transmis aux *Cortes Generales* pour être soumis à la procédure législative.

ART. 147. – *(1)* Dans le respect des termes de la présente Constitution, les statuts seront la norme institutionnelle de base de chaque communauté

1. Dans le cadre étroit qui nous est imparti, nous souhaitons simplement attirer l'attention sur la dynamique décentralisatrice que prône l'« État des autonomies ». Il s'agit moins ici de décentralisation « octroyée » que de l'aménagement d'un espace raisonnable pour la revendication de l'autonomie.

autonome et l'État les reconnaîtra et les protégera comme partie intégrante de son ordonnancement juridique. – *(2)* Les statuts devront comprendre : (...) *c)* la dénomination, l'organisation et le siège de ses propres institutions autonomes ; *d)* les compétences assumées dans le cadre établi par la Constitution et les bases du transfert des services qui y correspondent (...).

ART. 148. – *(1)* Les communautés autonomes pourront assumer des compétences dans les matières suivantes : 1) l'organisation de leurs institutions d'auto-gouvernement ; 2) les modifications des limites des municipalités relevant de leur territoire et, d'une façon générale, les fonctions qui correspondront à l'Administration de l'État sur les collectivités locales (...) ; 3) l'aménagement du territoire, l'urbanisme et le logement ; 4) les travaux publics d'intérêt communautaire autonome (...) ; 5) les chemins de fer et routes dont l'itinéraire appartient dans son intégralité au territoire de la communauté autonome, et, dans les mêmes conditions, le transport effectué par ces moyens ou par câble ; 6) les ports d'abri, les ports et aérodromes de plaisance, et, en général, ceux qui ne développent pas d'activités commerciales ; 7) l'agriculture et l'élevage, en accord avec l'ordre économique général ; 8) les bois et exploitations forestières ; 9) la gestion en matière de protection de l'environnement ; 10) les projets, construction et utilisation des exploitations hydrauliques, des canaux et irrigations d'intérêt communautaire autonome. Les eaux minérales et thermales ; 11) la pêche côtière, la pêche des fruits de mer, la conservation des eaux, la chasse et la pêche en eau douce ; 12) les foires locales ; 13) l'encouragement au développement économique de la communauté autonome dans le cadre des objectifs de la politique économique nationale ; 14) l'artisanat ; 15) les musées, les bibliothèques et conservatoires musicaux d'intérêt communautaire autonome ; 16) le patrimoine monumental d'intérêt communautaire autonome ; 17) l'aide à la culture, la recherche, et, le cas échéant, l'enseignement de la langue de la communauté autonome ; 18) la promotion et l'organisation du tourisme dans son espace territorial ; 19) la promotion du sport et des loisirs ; 20) l'assistance sociale ; 21) la santé et l'hygiène ; 22) l'entretien et la protection de ses édifices et installations. La coordination et les autres tâches reliées aux polices locales, dans les termes établis par une loi organique. – *(2)* Passé un délai de cinq ans, par une réforme de leur statut, les communautés autonomes pourront élargir progressivement leurs compétences, dans le cadre établi à l'art. 149.

ART. 149. – *(1)* L'État possède la compétence exclusive dans les matières suivantes : *(suit une longue énumération)*. – *(3)* Les matières non expressément attribuées à l'État par cette Constitution pourront revenir aux Communautés autonomes en vertu de leur statut respectif. La compétence sur les matières qui n'auraient pas été prises en charge par les statuts d'autonomie reviendra à l'État, dont les normes prévalent, en cas de conflit, sur celles des communautés autonomes dans tout ce qui n'est pas attribué à la compétence exclusive de ces dernières. (...)

ART. 150. – *(1)* Les *Cortes Generales*, dans des matières de compétence étatique, pourront attribuer à toutes ou certaines communautés autonomes la faculté d'édicter pour elles-mêmes des normes législatives dans le cadre des principes, bases et directives fixés par une loi d'État (…). – *(2)* L'État pourra transférer ou déléguer aux Communautés autonomes, par une loi organique, des compétences appartenant à des domaines dont l'État est titulaire, qui, par leur nature, sont susceptibles d'un tel transfert ou d'une telle délégation (…).

ART. 151. – *(1)* Il ne sera pas nécessaire de laisser courir le délai de cinq ans auquel se réfère l'art. 148, § 2, lorsque l'initiative du processus d'autonomie aura été prise (…), en plus des délégations et organes interinsulaires correspondants, par les trois quarts des municipalités de chacune des provinces concernées si elles représentent, au moins, la majorité du corps électoral de chaque province et si cette initiative a été ratifiée par référendum avec un vote positif de la majorité absolue des électeurs de chaque province (…). – *(2)* Dans l'hypothèse prévue par le paragraphe précédent, la procédure d'élaboration de statut sera la suivante : 1) le Gouvernement convoquera tous les députés et sénateurs dans les circonscriptions comprises dans le ressort territorial qui souhaite accéder à l'autogouvernement, pour qu'ils se constituent en assemblée à seule fin d'élaborer le projet de statut d'autonomie correspondant, par l'accord de la majorité absolue de ses membres ; 2) le projet de statut approuvé par l'Assemblée de parlementaires sera remis à la Commission constitutionnelle du Congrès, laquelle l'examinera dans un délai de deux mois avec le concours et l'assistance d'une délégation de l'Assemblée initiatrice pour déterminer d'un commun accord sa formulation définitive ; 3) si cet accord est obtenu, le texte qui en résulte sera soumis à référendum du corps électoral des provinces comprises dans le ressort territorial du projet de statut ; 4) si le projet de statut est approuvé dans chaque province à la majorité des suffrages valablement exprimés, il sera transmis aux *Cortes Generales*, les Plénums des deux Chambres se prononceront sur le texte par un vote de ratification (…) ; 5) si l'accord auquel se réfère le § 2 du présent article n'est pas réalisé, le projet de statut sera traité comme projet de loi devant les *Cortes Generales*. Le texte approuvé par elles sera soumis à référendum devant le corps électoral des provinces comprises dans le ressort territorial du projet de statut. En cas d'approbation par la majorité des suffrages validement exprimés, dans chaque province, il sera procédé à sa promulgation (…).

TITRE IX. – **Du Tribunal constitutionnel**

ART. 159. – *(1)* Le Tribunal constitutionnel se compose de douze membres nommés par le Roi, quatre sur la proposition du Congrès adoptée à la majorité des trois cinquièmes de ses membres, quatre sur la proposition du Sénat adoptée à la même majorité, deux sur la proposition du Gouvernement et deux sur la proposition du Conseil général du pouvoir judiciaire. – *(2)* Les membres du Tribunal constitutionnel devront être nommés parmi des magistrats et des procureurs, des professeurs d'Université, des fonctionnaires publics et des avocats ; ils devront tous être des juristes aux compétences reconnues et exerçant leur profession depuis plus de quinze ans. – *(3)* Les membres du Tribunal constitutionnel seront désignés pour une période de neuf ans ; ils seront renouvelés par tiers tous les trois ans. – *(4)* La condition de membre du Tribunal constitutionnel est incompatible avec tout mandat représentatif, l'exercice de fonctions politiques ou administratives, l'exercice d'une charge de direction dans un parti politique ou un syndicat et un emploi au service de ceux-ci, l'exercice de fonctions judiciaires et de fonctions relevant du ministère public et avec toute autre activité professionnelle ou commerciale.

Pour le reste, les incompatibilités affectant les membres du Tribunal constitutionnel seront celles qui sont propres aux membres du pouvoir judiciaire. – *(5)* Les membres du Tribunal constitutionnel seront indépendants et inamovibles pendant la durée de leur mandat.

ART. 160. – Le président du Tribunal constitutionnel sera nommé parmi ses membres par le Roi, sur la proposition du Tribunal réuni en séance plénière, pour une période de trois ans.

ART. 161. – *(1)* Le Tribunal constitutionnel exerce sa juridiction sur tout le territoire espagnol et il est compétent pour connaître : *a)* du recours en inconstitutionnalité contre des lois et des dispositions normatives ayant force de loi. La déclaration d'inconstitutionnalité d'une norme juridique ayant force de loi, interprétée par la jurisprudence, affectera aussi cette dernière, mais la sentence ou les sentences rendues ne perdront pas la valeur de la chose jugée ; *b)* du recours individuel *de amparo* pour violation des droits et des libertés énumérés à l'art. 53, § 2, de la Constitution dans les cas et sous les formes établis par la loi ; *c)* des conflits de compétence entre l'État et les Communautés autonomes et des conflits de compétence entre les diverses Communautés ; *d)* des autres matières que lui attribueront la Constitution ou les lois organiques. – *(2)* Le Gouvernement pourra attaquer devant le Tribunal constitutionnel les dispositions et les résolutions adoptées par les organes des Communautés autonomes. Le recours entraînera la suspension de la disposition ou de la décision contre laquelle il est porté, mais le Tribunal devra, s'il y a lieu, le ratifier ou l'infirmer dans un délai maximum de cinq mois.

ART. 162. – *(1)* Sont en droit : *a)* d'introduire un recours en inconstitutionnalité, le Président du Gouvernement, le Défenseur du Peuple, cinquante députés, cinquante sénateurs, les organes collégiaux exécutifs des Communautés autonomes et, le cas échéant, les assemblées de ces Communautés ; *b)* d'introduire le recours individuel *de amparo*, toute personne naturelle ou juridique invoquant un intérêt légitime, ainsi que le Défenseur du Peuple et le ministère public. – *(2)* Dans les autres cas, la loi organique déterminera les personnes et les organes ayants droit.

ART. 163. – *(1)* Lorsqu'un organe judiciaire considérera, au cours d'un procès, qu'une norme ayant force de loi, s'appliquant en la matière et dont dépend la validité de la sentence, pourrait être contraire à la Constitution, il saisira le Tribunal constitutionnel dans les conditions, sous la forme et avec les effets établis par la loi et qui ne seront en aucun cas suspensifs.

ART. 164. – *(1)* Les jugements du Tribunal constitutionnel seront publiés au *Journal officiel*, en même temps que les opinions particulières ou dissidentes qui auraient été exprimées. Ils ont la valeur de la chose jugée à partir du jour qui suit leur publication et il n'est pas possible de former un recours contre eux. Ceux qui déclarent inconstitutionnelle une loi ou une norme ayant force de loi et tous ceux qui ne se limitent pas à l'estimation subjective d'un droit s'appliquent à tous dans tous leurs effets. – *(2)* Sauf dans les cas où le jugement en dispose autrement, la partie de la loi qui n'est pas déclarée inconstitutionnelle reste en vigueur.

Chapitre VII

LA RUSSIE

Constitution du 12 décembre 1993[1]

Nous, peuple multinational de la Fédération de Russie,
uni par un destin commun sur notre terre,
affirmant les droits et libertés de l'homme, la paix civile
et la concorde,
conservant l'unité de l'État historiquement constituée,
nous fondant sur les principes universellement reconnus d'égalité
en droit et d'autodétermination des peuples,
vénérant la mémoire des ancêtres qui nous ont transmis l'amour et
le respect de la Patrie, la foi dans le bien et la justice,
faisant renaître l'État souverain de la Russie et rendant intangible
son fondement démocratique,
visant à assurer le bien-être et la prospérité de la Russie,
mus par la responsabilité pour notre Patrie devant les générations
présentes et futures, nous reconnaissant comme une part de la
communauté mondiale,
adoptons LA CONSTITUTION DE LA FÉDÉRATION DE RUSSIE.

1. **Fondements de l'ordre constitutionnel**

ART. 1. – *(1)* La Fédération de Russie – Russie est un État démocratique, fédéral, un État de droit, ayant une forme républicaine de gouvernement. (...)

2. **Les droits et libertés de l'homme et du citoyen**

ART. 19. – (...) *(3)* L'homme et la femme ont des droits égaux, des libertés égales et des possibilités égales de les exercer.

ART. 20. – *(1)* Chacun a droit à la vie. – *(2)* La peine de mort jusqu'à son abolition peut être établie par la loi fédérale en qualité de sanction exceptionnelle pour les infractions particulièrement graves contre la vie et avec attribution à l'accusé du droit de voir sa cause examinée par un tribunal avec la participation de jurés.

ART. 21. – *(1)* La dignité de l'individu est protégée par l'État. Rien ne peut motiver son abaissement. – *(2)* Nul ne doit être soumis à la torture,

1. Traduction P. Gélard et M. Lesage (publiée à la *Revue française de droit constitutionnel*, n° 17, p. 195-223). Pour gagner de la place, les alinéas, au sein de chaque article, ne sont indiqués que par leur numéro : – *(1)*, – *(2)*, etc.

à la violence, à d'autres traitements ou peines brutales ou dégradant la dignité humaine. Nul ne peut être sans son libre consentement soumis à des expériences médicales, scientifiques ou autres.

3. La Fédération de Russie

ART. 66. – *(1)* Le statut de la république est fixé par la Constitution de la Fédération de Russie et la Constitution de la république. – *(2)* Le statut du territoire, de la région, de la ville d'importance fédérale, de la région autonome, du district autonome est fixé par la Constitution de la Fédération de Russie et par le statut du territoire, de la région, de la ville d'importance fédérale, de la région autonome, du district autonome adopté par l'organe législatif (représentatif) du sujet concerné de la Fédération de Russie. – *(3)* La loi fédérale sur la région autonome, le district autonome, peut être adoptée sur proposition des organes législatifs et exécutifs de la région autonome, du district autonome. – *(4)* Les relations des districts autonomes faisant partie d'un territoire ou d'une région peuvent être réglementées par la loi fédérale et par l'accord entre les organes du pouvoir d'État du district autonome et, respectivement, les organes du pouvoir d'État du territoire et de la région. – *(5)* Le statut du sujet de la Fédération de Russie peut être modifié par accord mutuel de la Fédération de Russie et du sujet de la Fédération de Russie conformément à la loi constitutionnelle fédérale.

ART. 69. – La Fédération de Russie garantit les droits des peuples autochtones peu nombreux, conformément aux principes et normes universellement reconnus du droit international et aux traités internationaux de la Fédération de Russie.

ART. 71. – Relèvent de la compétence de la Fédération de Russie : *a)* l'adoption et la modification de la Constitution de la Fédération de Russie et des lois fédérales, le contrôle de leur respect ; *b)* la structure fédérale et le territoire de la Fédération de Russie ; *c)* la réglementation et la protection des droits et libertés de l'homme et du citoyen, la citoyenneté dans la Fédération de Russie ; la réglementation et la protection des droits des minorités nationales ; *d)* l'établissement du système des organes fédéraux des pouvoirs législatif, exécutif et judiciaire, des modalités de leur organisation et de leur fonctionnement ; la formation des organes d'État fédéraux ; *e)* la propriété fédérale d'État et son administration ; *f)* l'établissement des fondements de la politique fédérale et les programmes fédéraux dans le domaine du développement d'État, économique, écologique, social, culturel et national dans la Fédération de Russie ; *g)* l'établissement des fondements juridiques du marché unique ; la réglementation financière, des changes, du crédit, douanière, l'émission monétaire, les fondements de la politique des prix ; les services économiques fédéraux, y compris les banques fédérales ; *h)* le budget fédéral ; les impôts et taxes fédéraux ; les fonds fédéraux de développement régional ; *i)* les systèmes énergétiques fédéraux, l'énergie nucléaire, les matières fissiles ; les transports, les voies de communication, l'information et les télécommunications fédérales ; les activités spatiales ; *j)* la politique extérieure et les relations internationales de la Fédération de Russie, les traités internationaux de la Fédération de Russie ; les problèmes de la guerre et de la paix ; *k)* les relations économiques extérieures de la Fédération de Russie ; *l)* la défense et la sécurité ; les industries de défense ; la fixation de la procédure de vente et d'achat d'armes, de munitions, d'équipements militaires et des autres biens militaires ; la production de substances toxiques, de stupéfiants et les modalités de leur utilisation ; *m)* la définition du statut et la protection de la frontière d'État, de la mer territoriale, de l'espace aérien, de la zone économique exclusive et du plateau continental de la Fédération de Russie ; *n)* l'organisation judiciaire ; la Prokuratura ; la législation pénale, de procédure pénale et pénitentiaire ; l'amnistie et la grâce ; la législation civile, de procédure civile et de procédure d'arbitrage ; la réglementation juridique de la propriété intellectuelle ; *o)* le droit fédéral des conflits de lois ; *p)* le service météorologique, les normes et étalons, le système métrique et la mesure du temps ; la géodésie et la cartographie ; la dénomination des entités géographiques ; la statistique et la comptabilité officielles ; *q)* les décorations d'État et les titres honorifiques de la Fédération de Russie ; *r)* la fonction publique fédérale.

ART. 72. – *(1)* Relèvent de la compétence conjointe de la Fédération de Russie et des sujets de la Fédération de Russie : *a)* la garantie de la conformité des Constitutions et des lois des républiques, des statuts, des lois et autres actes juridiques normatifs des territoires, régions, villes d'importance fédérale, de la région autonome, des districts autonomes à la Constitution de la Fédération de Russie et aux lois fédérales ; *b)* la protection des droits et libertés de l'homme et du citoyen, la protection des droits des minorités nationales ; la garantie de la légalité, de l'ordre juridique et de la sécurité publique ; (…) *i)* l'établissement des principes généraux de l'imposition et de la taxation dans la Fédération de Russie ; (…) *m)* l'établissement des principes généraux d'organisation du système des organes du pouvoir d'État et de l'auto-administration locale ; *n)* la coordination des rapports internationaux et économiques extérieurs des sujets de la Fédération de Russie, l'exécution des traités internationaux de la Fédération de Russie. – *(2)* Les dispositions du présent article s'appliquent dans une mesure égale à la république, au territoire, à la région, à la ville d'importance fédérale, à la région autonome, au district autonome.

ART. 73. – En dehors des limites de la compétence de la Fédération de Russie et des attributions de la Fédération de Russie dans les domaines de compétence conjointe de la Fédération de Russie et des sujets de la Fédération de Russie, les sujets de la Fédération de Russie possèdent la plénitude du pouvoir d'État.

ART. 76. – *(1)* Dans les domaines de compétence de la Fédération de Russie sont adoptées des lois constitutionnelles fédérales et des lois fédérales, ayant effet direct sur l'ensemble du territoire de la Fédération de Russie. – *(2)* Dans les domaines de compétence conjointe de la Fédération de Russie et des sujets de la Fédération de Russie sont adoptés des lois fédérales et des lois et autres actes juridiques normatifs des sujets de la Fédération de Russie pris en conformité avec elles. – *(3)* Les lois fédérales ne peuvent être contraires aux lois constitutionnelles fédérales. – *(4)* En dehors des limites de la compétence de la Fédération de Russie, de la compétence conjointe de la Fédération de Russie et des sujets de la Fédération de Russie, les républiques, les territoires, les régions, les villes d'importance fédérale, la région autonome et les districts autonomes exercent leur propre réglementation juridique, y compris l'adoption de lois et d'autres actes juridiques normatifs. – *(5)* Les lois et autres actes juridiques normatifs des sujets de la Fédération de Russie ne peuvent être contraires aux lois fédérales adoptées en conformité avec les paragraphes un et deux du présent article. En cas de contradiction entre une loi fédérale et un autre acte adopté dans la Fédération de Russie, la loi fédérale prévaut. – *(6)* En cas de contradiction entre la loi fédérale et l'acte juridique normatif du sujet de la Fédération de Russie, adopté en conformité avec le paragraphe quatre du présent article, l'acte juridique normatif du sujet de la Fédération de Russie prévaut.

4. Le Président de la Fédération de Russie

ART. 80. – *(1)* Le Président de la Fédération de Russie est le chef de l'État. – *(2)* Le Président est le garant de la Constitution de la Fédération de Russie et des droits et libertés de l'homme et du citoyen. Conformément aux modalités établies par la Constitution de la Fédération de Russie, il prend des mesures pour protéger la souveraineté de la Fédération de Russie, son indépendance et l'intégrité de l'État, assure le fonctionnement concerté et la collaboration des organes du pouvoir d'État. – *(3)* Le Président de la Fédération de Russie, conformément à la Constitution de la Fédération de Russie et aux lois fédérales, détermine les orientations fondamentales de la politique intérieure et extérieure de l'État. – *(4)* Le Président de la Fédération de Russie en qualité de chef de l'État représente la Fédération de Russie à l'intérieur du pays et dans les relations internationales.

ART. 81. – *(1)* Le Président de la Fédération de Russie est élu pour six ans par les citoyens de la Fédération de Russie sur la base du suffrage universel, égal et direct, au scrutin secret. – *(2)* Peut être élu Président de la Fédération de Russie tout citoyen de la Fédération de Russie âgé d'au moins trente-cinq ans, ayant une résidence permanente dans la Fédération de Russie d'au moins dix ans. – *(3)* Une même personne ne peut exercer la fonction de Président de la Fédération de Russie plus de deux mandats consécutifs. – *(4)* La procédure de l'élection du Président de la Fédération de Russie est fixée par la loi fédérale. (…)

ART. 83. – Le Président de la Fédération de Russie : *a)* nomme avec l'accord de la Douma d'État le Président du Gouvernement de la Fédération de Russie ; *b)* a le droit de présider les séances du Gouvernement de la Fédération de Russie ; *c)* prend la décision relative à la démission du Gouvernement de la Fédération de Russie ; (…)

ART. 84. – Le Président de la Fédération de Russie : *a)* décide de la date de l'élection à la Douma d'État conformément à la Constitution de la Fédération de Russie et à la loi fédérale ; *b)* dissout la Douma d'État dans les cas et selon la procédure prévus par la Constitution de la Fédération de Russie ; *c)* décide de l'organisation du référendum selon la procédure fixée par la loi constitutionnelle fédérale ; *d)* soumet des projets de loi à la Douma d'État ; *e)* signe et promulgue les lois fédérales ; *f)* adresse à l'Assemblée fédérale des messages annuels sur la situation dans le pays et sur les orientations fondamentales de la politique intérieure et extérieure de l'État.

ART. 85. – *(1)* Le Président de la Fédération de Russie peut recourir à des procédures de conciliation pour régler les litiges entre les organes du pouvoir d'État de la Fédération de Russie et les organes du pouvoir d'État des sujets de la Fédération de Russie, ainsi qu'entre les organes du pouvoir d'État des sujets de Fédération de Russie. En cas de persistance du désaccord, il a le droit de soumettre le litige à l'examen du tribunal compétent. – *(2)* Au cas où des actes des organes du pouvoir exécutif des sujets de la Fédération de Russie sont contraires à la Constitution de la Fédération de Russie et aux lois fédérales, aux obligations internationales de la Fédération de Russie ou violent les droits et libertés de l'homme et du citoyen, le Président de la Fédération de Russie a le droit d'en suspendre l'effet jusqu'à la décision du tribunal compétent.

ART. 86. – Le Président de la Fédération de Russie : *a)* exerce la direction de la politique extérieure de la Fédération de Russie ; *b)* négocie et signe les traités internationaux de la Fédération de Russie ; *c)* signe les instruments de ratification ; *d)* reçoit les lettres de créance et de rappel des représentants diplomatiques accrédités près de lui.

ART. 88. – Le Président de la Fédération de Russie, dans les circonstances et selon les modalités établies par une loi constitutionnelle fédérale établit l'état d'urgence sur le territoire de la Fédération de Russie ou dans certaines de ses localités et en informe immédiatement le Conseil de la Fédération et la Douma d'État.

ART. 90. – *(1)* Le Président de la Fédération de Russie adopte des décrets et des ordonnances. – *(2)* Les décrets et ordonnances du Président de la Fédération de Russie sont obligatoires sur l'ensemble du territoire de la Fédération de Russie. – *(3)* Les décrets et ordonnances du Président de la Fédération de Russie ne doivent pas être contraires à la Constitution de la Fédération de Russie et aux lois fédérales.

ART. 91. – Le Président de la Fédération de Russie bénéficie de l'inviolabilité.

5. **L'Assemblée fédérale**

ART. 94. – L'Assemblée fédérale – Parlement de la Fédération de Russie – est l'organe représentatif et législatif de la Fédération de Russie.

ART. 95. – *(1)* L'Assemblée fédérale est composée de deux chambres : le Conseil de la Fédération et la Douma d'État. – *(2)* Le Conseil de la Fédération est constitué à raison de deux représentants de chaque sujet de la Fédération : un représentant de l'organe représentatif et un de l'organe exécutif du pouvoir d'État. – *(3)* La Douma d'État est composée de 450 députés.

ART. 96. – *(1)* La Douma d'État est élue pour un mandat de cinq ans. (…)

ART. 100. – *(1)* Le Conseil de la Fédération et la Douma d'État siègent séparément. (…) – *(3)* Les chambres peuvent se réunir conjointement pour entendre les messages du Président de la Fédération de Russie, les messages de la Cour constitutionnelle de la Fédération de Russie, les allocutions des dirigeants des États étrangers.

ART. 102. – *(1)* Relèvent de la compétence du Conseil de la Fédération : *a)* l'approbation de la modification des frontières entre les sujets de la Fédération ; *b)* l'approbation du décret du Président de la Fédération de Russie sur l'introduction de l'état de siège ; *c)* l'approbation du décret du Président de la Fédération de Russie sur l'introduction de l'état d'urgence ; *d)* la décision relative à la possibilité de recourir aux Forces armées de la Fédération de Russie hors des limites du territoire de la Fédération de Russie ; *e)* la fixation de l'élection du Président de la Fédération de Russie ; *f)* la destitution du Président de la Fédération de Russie ; *g)* la nomination aux fonctions de juges à la cour constitutionnelle de la Fédération de Russie, à la Cour suprême de la Fédération de Russie, à la Cour supérieure d'arbitrage de la Fédération de Russie ; (…).

ART. 103. – *(1)* Relèvent de la compétence de la Douma d'État : *a)* l'accord donné au Président de la Fédération de Russie pour la nomination du Président du Gouvernement de la Fédération de Russie ; *b)* la décision relative à la question de confiance au Gouvernement de la Fédération de Russie ; (…).

ART. 104. – *(1)* Le droit d'initiative législative appartient au Président de la Fédération de Russie, au Conseil de la Fédération, aux membres du Conseil de la Fédération, aux députés à la Douma d'État, au Gouvernement de la Fédération de Russie, aux organes législatifs (représentatifs) des sujets de la Fédération de Russie. Le droit d'initiative législative appartient également à la Cour constitutionnelle de la Fédération de Russie, à la Cour suprême de la Fédération de Russie et à la Cour supérieure d'arbitrage de la Fédération de Russie sur les questions de leur compétence. – *(2)* Les projets de lois sont déposés devant la Douma d'État. – *(3)* Les projets de loi sur l'établissement ou la suppression des impôts, les exemptions fiscales, sur l'émission d'emprunts d'État, sur la modification des engagements financiers de l'État, les autres projets de lois prévoyant des dépenses prises en charge par le budget fédéral ne peuvent être présentés qu'avec un avis du Gouvernement de la Fédération de Russie.

ART. 105. – *(1)* Les lois fédérales sont adoptées par la Douma d'État. – *(2)* Les lois fédérales sont adoptées à la majorité des voix de l'ensemble des députés à la Douma d'État si la Constitution n'en a pas disposé autrement. – *(3)* Les lois fédérales adoptées par la Douma d'État sont transmises dans les cinq jours à l'examen du Conseil de la Fédération. – *(4)* La loi fédérale est considérée comme approuvée par le

Conseil de la Fédération si plus de la moitié de l'ensemble des membres de cette chambre ont voté en sa faveur ou si elle n'est pas examinée par le Conseil de la Fédération dans les quatorze jours. En cas de rejet d'une loi fédérale par le Conseil de la Fédération, les chambres peuvent constituer une commission de conciliation pour éliminer les désaccords apparus, après quoi la loi est renvoyée en seconde lecture à la Douma d'État. – *(5)* En cas de désaccord de la Douma d'État avec la décision du Conseil de la Fédération, la loi fédérale est considérée comme adoptée si lors du second vote ont voté en sa faveur au moins les deux tiers de l'ensemble des députés à la Douma d'État.

ART. 106. – Doivent obligatoirement faire l'objet d'un examen par le Conseil de la Fédération des lois fédérales adoptées par la Douma d'État sur les questions : *a)* du budget fédéral ; *b)* des impôts et taxes fédéraux ; *c)* de la réglementation financière, des changes, du crédit, douanière, de l'émission de monnaie ; *d)* de la ratification et de la dénonciation des traités internationaux de la Fédération de Russie ; *e)* du statut et de la défense de la frontière d'État de la Fédération de Russie ; *f)* de la guerre et de la paix.

ART. 107. – *(1)* La loi fédérale adoptée est transmise dans le délai de cinq jours au Président de la Fédération de Russie pour signature et promulgation. – *(2)* Le Président de la Fédération de Russie dans le délai de quatorze jours signe la loi et la promulgue. – *(3)* Si le Président de la Fédération de Russie rejette la loi fédérale dans le délai de quatorze jours à compter du moment de sa réception, la Douma d'État et le Conseil de la Fédération, selon la procédure fixée par la Constitution de la Fédération de Russie, examinent à nouveau cette loi. Si lors du nouvel examen la loi fédérale est approuvée dans la rédaction précédemment adoptée par la majorité d'au moins les deux tiers de l'ensemble des membres du Conseil de la Fédération et des députés à la Douma d'État, le Président de la Fédération de Russie est tenu de la signer dans les sept jours et de la promulguer.

ART. 108. – *(1)* Les lois constitutionnelles fédérales sont adoptées sur les questions prévues par la Constitution de la Fédération de Russie. – *(2)* La loi constitutionnelle fédérale est considérée comme adoptée si elle est approuvée par la majorité d'au moins les trois quarts des voix de l'ensemble des membres du Conseil de la Fédération et d'au moins les deux tiers des voix de l'ensemble des députés à la Douma d'État. Le Président de la Fédération de Russie est tenu de signer et de promulguer dans les quatorze jours la loi constitutionnelle fédérale adoptée.

ART. 119. – *(1)* La Douma d'État peut être dissoute par le Président de la Fédération de Russie dans les cas prévus aux art. 111 et 117 de la Constitution de la Fédération de Russie (...).

6. **Le Gouvernement de la Fédération de Russie**

ART. 110. – *(1)* Le Gouvernement de la Fédération de Russie exerce le pouvoir exécutif de la Fédération de Russie. – *(2)* Le Gouvernement est composé du Président du Gouvernement de la Fédération de Russie, des vice-présidents du Gouvernement et des ministres fédéraux.

ART. 111. – *(1)* Le Président du Gouvernement de la Fédération de Russie est nommé par le Président de la Fédération de Russie avec l'accord de la Douma d'État. – *(2)* La proposition relative à la candidature de Président du Gouvernement de la Fédération de Russie est présentée au plus tard dans le délai de deux semaines après l'entrée en fonction du Président nouvellement élu de la Fédération de Russie, après la démission du Gouvernement de la Fédération de Russie ou encore dans le délai d'une semaine après le rejet d'une candidature par la Douma d'État. – *(3)* La Douma d'État examine, dans le délai d'une semaine à compter de sa présentation par le Président de la Fédération de Russie, la candidature à la fonction de Président du Gouvernement de la Fédération de Russie. – *(4)* Après trois rejets des candidatures présentées par le Président du Gouvernement de la Fédération de Russie, le Président de la Fédération de Russie nomme le Président du Gouvernement de la Fédération de Russie, dissout la Douma d'État et fixe de nouvelles élections.

ART. 112. – *(1)* Le Président du Gouvernement de la Fédération de Russie, au plus tard dans la semaine qui suit sa nomination, présente au Président de la Fédération de Russie des propositions sur la structure des organes fédéraux du pouvoir exécutif. – *(2)* Le Président du Gouvernement de la Fédération de Russie présente au Président de la Fédération de Russie les candidatures aux fonctions de vice-présidents du Gouvernement et de ministres fédéraux.

ART. 113. – Le Président du Gouvernement de la Fédération de Russie, conformément à la Constitution de la Fédération de Russie, aux lois fédérales et aux décrets du Président de la Fédération de Russie, détermine les orientations fondamentales de l'activité du Gouvernement de la Fédération de Russie et organise son travail.

ART. 115. – *(1)* Sur la base et en application de la Constitution de la Fédération de Russie, des lois fédérales, des décrets normatifs du Président de la Fédération de Russie, le Gouvernement de la Fédération de Russie adopte des arrêtés et ordonnances, assure leur exécution (...).

ART. 116. – Le Gouvernement de la Fédération de Russie présente sa démission au Président de la Fédération de Russie nouvellement élu.

ART. 117. – *(1)* Le Gouvernement de la Fédération de Russie peut présenter sa démission, qui est acceptée ou refusée par le Président de la Fédération de Russie. – *(2)* Le Président de la Fédération de Russie peut décider de mettre fin aux fonctions du Gouvernement de la Fédération de Russie. – *(3)* La Douma d'État peut exprimer sa défiance au Gouvernement de la Fédération de Russie. L'arrêté sur la défiance au Gouvernement est adopté à la majorité des voix sur l'ensemble des députés à la Douma d'État. Après l'expression par la Douma d'État de la défiance au Gouvernement, le Président de la Fédération de Russie a le droit de déclarer le Gouvernement de la Fédération de Russie démissionnaire ou de ne pas être d'accord avec la décision de la Douma d'État. Au cas où la Douma d'État, dans les trois mois, exprime à nouveau la défiance au Gouvernement de la Fédération de Russie, le Président de la Fédération de Russie déclare le Gouvernement démissionnaire ou dissout la Douma d'État. – *(4)* Le Président du Gouvernement peut poser la question de confiance devant la Douma d'État. Si la Douma d'État refuse la confiance, le Président dans un délai de sept jours prend la décision de mettre fin aux fonctions du Gouvernement ou de dissoudre la Douma d'État et de fixer de nouvelles élections. – *(5)* En cas de démission ou de cessation de fonctions, le Gouvernement de la Fédération de Russie, à la demande du Président, demeure en activité jusqu'à la formation du nouveau Gouvernement de la Fédération de Russie.

7. La justice

ART. 125. – *(1)* La Cour constitutionnelle de la Fédération de Russie est composée de 19 juges. – *(2)* La Cour constitutionnelle de la Fédération de Russie à la demande du Président de la Fédération de Russie, du Conseil de la Fédération, de la Douma d'État, d'un cinquième des membres du Conseil de la Fédération ou des députés à la Douma d'État, du Gouvernement de la Fédération de Russie, de la Cour suprême de la Fédération de Russie et de la Cour supérieure d'Arbitrage de la Fédération de Russie, des organes du pouvoir législatif et exécutif des sujets de la Fédération de Russie, statue sur la conformité à la Constitution de la Fédération de Russie : *a)* des lois fédérales, des actes normatifs du Président de la Fédération de Russie, du Conseil de la Fédération, de la Douma d'État, du Gouvernement de la Fédération de Russie ; *b)* des constitutions des républiques, des statuts ainsi que des lois et des autres actes normatifs des sujets de la Fédération de Russie adoptés sur les questions relevant de la compétence des organes du pouvoir d'État de la Fédération de Russie et la compétence conjointe des organes du pouvoir d'État de la Fédération de Russie des organes du pouvoir d'État des sujets de la Fédération de Russie ; *c)* des accords entre les organes du pouvoir d'État de la Fédération de Russie et les organes du pouvoir d'État des sujets de la Fédération de Russie, des accords entre les organes du pouvoir d'État des sujets de la Fédération de Russie ; *d)* des traités internationaux de la Fédération de Russie non encore entrés en vigueur. – *(3)* La Cour constitutionnelle de la Fédération de Russie règle les conflits de compétence : *a)* entre les organes fédéraux du pouvoir d'État ; *b)* entre les organes du pouvoir d'État de la Fédération de Russie et les organes du pouvoir d'État des sujets de la Fédération de Russie ; *c)* entre les organes supérieurs d'État des sujets de la Fédération de Russie. – *(4)* La Cour constitutionnelle de la Fédération de Russie, pour les recours relatifs à la violation des droits et libertés constitutionnels des citoyens et à la demande des tribunaux, vérifie la constitutionnalité de la loi appliquée ou applicable dans un cas concret selon la procédure fixée par la loi fédérale. – *(5)* La Cour constitutionnelle de la Fédération de Russie à la demande du Président de la Fédération de Russie, du Conseil de la Fédération, de la Douma d'État, du Gouvernement de la Fédération de Russie, des organes du pouvoir législatif des sujets de la Fédération de Russie donne l'interprétation de la Constitution de la Fédération de Russie. – *(6)* Les actes ou leurs dispositions particulières reconnus non constitutionnels cessent d'avoir effet ; les traités internationaux de la Fédération de Russie non conformes à la Constitution de la Fédération de Russie n'entrent pas en vigueur et ne sont pas appliqués. – *(7)* La Cour constitutionnelle de la Fédération de Russie, à la demande du Conseil de la Fédération, donne un avis sur le respect de la procédure établie relative à la mise en accusation du Président de la Fédération de Russie pour haute trahison ou commission d'une autre infraction grave.

ART. 126. – *(1)* La Cour suprême de la Fédération de Russie est l'organe judiciaire supérieur pour les affaires civiles, pénales, administratives et les autres affaires, relevant des tribunaux de droit commun (...).

ART. 128. – *(1)* Les juges à la Cour constitutionnelle de la Fédération de Russie (...) sont nommés par le Conseil de la Fédération sur proposition du Président de la Fédération de Russie (...).

TABLE DES MATIÈRES

Cet ouvrage a été mis en pages par JOUVE
1, rue du Docteur-Sauvé – 53101 Mayenne

Imprimé en France
par la Nouvelle Imprimerie Laballery
rue Louis Blériot 58500 Clamecy
août 2018 - N° 808101

La Nouvelle Imprimerie Laballery est titulaire de la marque Imprim'Vert®